ENNO H. CÖSTER

Kassation, Teilkassation und Reformation von Verwaltungsakten durch die Verwaltungs- und Finanzgerichte

Schriften zum Öffentlichen Recht

Band 363

Kassation, Teilkassation
und Reformation von Verwaltungsakten
durch die Verwaltungs- und Finanzgerichte

Von

Dr. Enno H. Cöster

DUNCKER & HUMBLOT / BERLIN

Meinen Eltern

Vorwort

Die vorliegende Schrift ist aus meiner Dissertation hervorgegangen, die ich dem Fachbereich Rechtswissenschaft I der Universität Hamburg im Mai 1978 vorgelegt habe.

Den Anstoß zu dieser Arbeit gab mir mein hochverehrter Lehrer, Herr Professor Dr. Karl August Bettermann. Dafür und für die Förderung durch zahlreiche kritische Gespräche bin ich ihm zu vorzüglichem Dank verpflichtet. An dieser Stelle danke ich ihm zugleich für die Ausbildung und Unterstützung, die mir während des Studiums zuteil geworden ist. Dank schulde ich auch dem Zweitreferenten, Herrn Professor Dr. Wolfgang Martens.

Herrn Senator E. h. Ministerialrat a. D. Professor Dr. Johannes Broermann bin ich für die Aufnahme der Arbeit in die Reihe „Schriften zum Öffentlichen Recht" verbunden.

Hamburg, im Dezember 1978

Enno H. Cöster

Inhaltsverzeichnis

Dritter Teil

Selbstentscheidung und Zurückverweisung   66

Vierter Teil

Reformation und Ermessen

Thesen

Literaturverzeichnis

Abkürzungsverzeichnis

AO	= Abgabenordnung 1977 in der Fassung vom 16. März 1976 (BGBl I S. 613), geändert durch Gesetz vom 2. Juli 1976 (BGBl I S. 1749)
AöR	= Archiv des öffentlichen Rechts, seit 1886; bis 1910 Archiv für öffentliches Recht (Band [Jahr] und Seite)
AS	= Amtliche Sammlung von Entscheidungen des Oberverwaltungsgerichts Rheinland-Pfalz Koblenz (seit 1954)
BauR	= Baurecht, Zeitschrift für das gesamte öffentliche und zivile Baurecht (seit 1970)
Bay.	= Bayern, bayrisch
BayVBl	= Bayrische Verwaltungsblätter (neue Folge, seit 1955)
BB	= Der Betriebsberater (Zeitschrift seit 1946)
BFH	= Bundesfinanzhof; auch amtliche Sammlung der Entscheidungen des Bundesfinanzhofs (Band und Seite)
BGB	= Bürgerliches Gesetzbuch vom 18. August 1896 mit Änderungen (Schönfelder Nr. 20)
BGBl	= Bundesgesetzblatt
BGBl I	= Bundesgesetzblatt, Teil I, seit 1951
BGH	= Bundesgerichtshof
BGHZ	= Entscheidungen des Bundesgerichtshofs in Zivilsachen (Band und Seite)
BImSchG	= Gesetz zum Schutz vor schädlichen Umwelteinwirkungen durch Luftverunreinigungen, Geräusche, Erschütterungen und ähnliche Vorgänge vom 15. März 1974 (Sartorius Nr. 296)
BKartA	= Bundeskartellamt
BLG	= Bundesleistungsgesetz von 1956 in der Fassung vom 27. September 1961 (Sartorius Nr. 665)
BT	= Bundestag
BT-Drs.	= Bundestagsdrucksache
BVerfG	= Bundesverfassungsgericht
BVerfGE	= Entscheidungen des Bundesverfassungsgerichts (Band und Seite)
BVerwG	= Bundesverwaltungsgericht
BVerwGE	= Entscheidungen des Bundesverwaltungsgerichts (Band und Seite)
DÖV	= Die öffentliche Verwaltung (Zeitschrift seit 1947)
DV	= Deutsche Verwaltung (Zeitschrift von 1943 - 1949)
DVBl	= Deutsches Verwaltungsblatt (seit 1950)
EFG	= Entscheidungen der Finanzgerichte, Zeitschrift (Jahr und Seite)
EVwVfG 1973	= Entwurf eines Verwaltungsverfahrensgesetzes (Bundestagsdrucksache 7/910)
FGO	= Finanzgerichtsordnung vom 6. Oktober 1965 (SaBl. 1821)
FR	= Finanz-Rundschau/Deutsches Steuerblatt (Jahr oder Band und Seite)

GG	=	Grundgesetz für die Bundesrepublik Deutschland vom 23. Mai 1949 (Schönfelder Nr. 1/Sartorius Nr. 1)
GS	=	Großer Senat
GWB	=	Gesetz gegen Wettbewerbsbeschränkungen von 1957 in der Fassung vom 4. April 1974 (Schönfelder Nr. 74)
Halbs.	=	Halbsatz
Hess.	=	Hessen, hessisch
HRR	=	Höchstrichterliche Rechtsprechung (1925 - 1942), (Jahr und Nr.)
HRRVwR	=	Höchstrichterliche Rechtsprechung zum Verwaltungsrecht
JR	=	Juristische Rundschau (Zeitschrift seit 1947)
JuS	=	Juristische Schulung (Zeitschrift seit 1961)
JW	=	Juristische Wochenschrift (Zeitschrift von 1872 - 1932)
JZ	=	Juristenzeitung (seit 1951)
KG	=	Kammergericht (Berlin)
l.	=	letzter
LG	=	Landgericht
MDR	=	Monatsschrift für deutsches Recht (seit 1947)
NJW	=	Neue Juristische Wochenschrift (seit 1947)
österr.	=	österreichisch
OLG	=	Oberlandesgericht
OVG	=	Oberverwaltungsgericht
RAbgO	=	Reichsabgabenordnung vom 13. 12. 1919 in der Fassung vom 22. 5. 1931 (RGBl I S. 161)
RG	=	Reichsgericht
RGBl I	=	Reichsgesetzblatt Teil I (1922 - 1945)
RGZ	=	Entscheidungen des Reichsgerichts in Zivilsachen
SGG	=	Sozialgerichtsgesetz von 1953 in der Fassung vom 23. 8. 1958 (BGBl I S. 613)
StPO	=	Strafprozeßordnung von 1877 in der Fassung vom 17. 9. 1965 (Schönfelder Nr. 90)
str.	=	streitig
VersR	=	Juristische Rundschau für die Individualversicherung (Zeitschrift seit 1949)
VerwA	=	Verwaltungsarchiv (Band oder Jahr und Seite)
VerwRspr	=	Verwaltungsrechtsprechung in Deutschland. Seit 1949 hrsg. v. G. Ziegler, seit 1964 hrsg. v. Otto Gross (bis 1972) u. H. L. Wehrl (Band oder Jahr und Seite)
VG	=	Verwaltungsgericht
VGH	=	Verwaltungsgerichtshof
Vor.	=	Vorbemerkung
VwGG	=	österreichisches Verwaltungsgerichtshofgesetz in der Fassung Bundesgesetzblatt 1965 Nr. 2 S. 289
VwGO	=	Verwaltungsgerichtsordnung vom 21. Januar 1961 (Sartorius Nr. 600)
VwVfG	=	(Bundes)-Verwaltungsverfahrensgesetz vom 25. 5. 1976 (BGBl I S. 1253, Sartorius Nr. 100)
ZPO	=	Zivilprozeßordnung von 1877 in der Fassung vom 12. 9. 1950 (Schönfelder Nr. 100)
ZZP	=	Zeitschrift für Zivilprozeß (Band und Seite)

Einleitung

In zahlreichen Fällen der Anfechtung eines Verwaltungsakts kommt das Gericht zu der Erkenntnis, daß der Verwaltungsakt zwar fehlerhaft ist, die Verwaltung aber mit dem Erlaß einen Zweck verfolgte, der von der Rechtsordnung gebilligt wird. Die getroffene Regelung des Einzelfalles schießt in ihrer Wirkung lediglich über das erlaubte Ziel hinaus, indem sie entweder den Betroffenen über das zulässige Maß hinaus belastet oder mit einer Begünstigung eine unzulässige Belastung verbindet. In diesem Fall ist das Gericht, um im Interesse der Parteien die endgültige Regelung des Falles nicht zu verzögern, bestrebt, anstatt den gesamten Verwaltungsakt aufzuheben, diesen wenigstens in dem zulässigen Umfang aufrechtzuerhalten. Diese Ausrechterhaltung an Stelle einer Totalaufhebung kann erfolgen durch nur teilweise Aufhebung oder durch Abänderung des Verwaltungsakts: Gegenüber erfolgreich angefochtenen Verwaltungsakten hat das Gericht die Möglichkeit der Totalkassation, der Teilkassation oder der Reformation. Die Notwendigkeit, diese Urteilsarten zu unterscheiden, ergibt sich aus den jeweiligen Voraussetzungen, unter denen das Gericht kassieren, teilkassieren oder reformieren darf oder muß. Die Verwaltungsgerichtsordnungen setzen Wesen und Wirkung der einzelnen Entscheidungsformen als bekannt voraus. Dies schafft keine Probleme, soweit es um die Alternative Totalkassation oder Reformation geht: während erstere den Verwaltungsakt nur beseitigt, so daß dieselbe Rechtslage wie vor dessen Erlaß eintritt, ersetzt die reformatorische Entscheidung den angefochtenen Verwaltungsakt durch einen anderen.

Zwischen Totalkassation und Reformation läßt sich die Teilkassation einordnen: In ihrer Wirkung unterscheidet sie sich deutlich von der Totalkassation. Ihre Abgrenzung zur Reformation ist schwierig, weil in beiden Fällen noch eine Regelung des verwaltungsrechtlichen Falles besteht, nachdem das Gericht über die Anfechtungsklage entschieden hat. Sowohl das reformierende als auch das teilweise kassierende Urteil scheinen geeignet zu sein, einen übermäßigen Verwaltungsakt auf das rechtlich zulässige Maß zu reduzieren. Da die Voraussetzungen zur Reformation seltener erfüllt sind, bietet sich in den meisten Fällen unzulässiger Totalkassation die Teilkassation als Entscheidungsform an. Fraglich ist, inwieweit sie die ergebnismäßige Reduzierung zu bewirken vermag und wann nur eine Reformation in Betracht kommt.

Den Schwerpunkt der vorliegenden Arbeit bildet deshalb die gerichtliche Teilaufhebung eines Verwaltungsakts und ihre Abgrenzung zur Reformation.

1. Die Arbeit beginnt mit der Prüfung, in welchen Grenzen der Anfechtungskläger die Art der gerichtlichen Teilkassation beeinflussen kann (Erster Teil). Im Zweiten Teil werden die Voraussetzungen einer Teilaufhebung im Gegensatz zur Totalaufhebung erörtert. Dabei erscheinen die beiden ungeschriebenen Voraussetzungen problematisch: die Teilbarkeit des Verwaltungsakts und der Teilungswille der Parteien. Für die Wahl zwischen teilweiser und totaler Aufhebung soll nach herrschender Auffassung der Wille der beklagten Behörde erheblich sein. Das am 1. Januar 1977 in Kraft getretene Verwaltungsverfahrensgesetz des Bundes scheint die Richtigkeit dieser Auffassung zu bestätigen, da es in § 44 Abs. 4 den Willen des Erklärungsurhebers bei der Aufrechterhaltung verwaltungsrechtlicher Regelungen für beachtlich erklärt. Daneben wird der Wille der anderen Partei, des Anfechtungsklägers, nicht ausdrücklich in die Überlegungen einbezogen. Nach der hier vertretenen Auffassung begrenzt jedoch in den meisten Fällen bereits das Anfechtungsbegehren den Umfang der Aufhebung, und zwar ohne Rücksicht auf einen (mutmaßlichen) Behördenwillen; dieser ist in der Regel erst nach erfolgreicher Anfechtung und nicht im Anfechtungsprozeß selbst zu beachten. Letzteres ergibt sich aus einem Vergleich mit der Anfechtung zivilrechtlicher Rechtsgeschäfte.

Im Dritten Teil wird die Teilkassation von der reformatorischen Entscheidung abgegrenzt. Dabei erweist es sich als nützlich, die Anfechtung behördlicher mit der Anfechtung gerichtlicher Entscheidungen zu vergleichen. Der letzte Teil der Arbeit beschäftigt sich mit der Frage, inwieweit das Verwaltungsgericht im Zusammenhang mit der Reformation eines Verwaltungsakts Ermessen ausüben darf: Die Entscheidung zwischen Kassation und Reformation ist auch davon abhängig, ob eine Reformationsermächtigung dem Gericht erstens die Befugnis verleiht, selbst Verwaltungsermessen auszuüben, und zweitens die Wahl zwischen Aufhebung und Abänderung in das Ermessen des Gerichts stellt.

2. Die Arbeit ist ein Versuch, die Grundlagen zu schaffen für die Bewertung einer aktuellen Teilaufhebungsjudikatur, wie sie sich in zwei umfangreichen Verfahren zeigt: Das Bundeskartellamt[1] hatte jeweils einem Arzneimittelhersteller aufgegeben, seine Herstellerpreise für bestimmte Arzneimittel um einen festgesetzten Prozentsatz zu senken[2]. Dieser ergab sich aus der von der Kartellbehörde ermittelten

---

[1] WuW/E BKartA 1482 ff. (Vitamin B 12), 1526 ff. (Valium).

[2] Es wird hier davon ausgegangen, daß die Kartellbehörde im Wege der Mißbrauchsaufsicht die Befugnisse einer Preisbehörde hat und Höchstpreise

Mißbrauchsgrenze, oberhalb derer jede Preisgestaltung mißbräuchlich ist. Das kartellbehördliche Gebot, die Preise zu senken, bzw. die Feststellung der Mißbrauchsgrenze qualifizierte der Bundesgerichtshof[3] als Untersagungsverfügung nach § 22 Abs. 5 GWB. Die im Beschwerdeverfahren vom Kammergericht[4] vorgenommene Einschränkung des Preissenkungsverbots und Heraufsetzung der Mißbrauchsgrenze sei keine neue gerichtliche Untersagungsverfügung, sondern die Aufhebung des vom Gericht als unbegründet angesehenen Teils des kartellamtlichen Beschlusses; es handele sich um „eine nach verwaltungsgerichtlichen Grundsätzen zulässige Teilaufhebung"[5].

---

festsetzen darf; dies entspricht der h. M.: BGH 3. 3. 1976 (Vitamin B 12) WuW/E BGH 1435 ff. = NJW 1976, 2259 ff.; 16. 12. 1976 (Valium) WuW/E BGH 1445 ff. = NJW 1977, 675 ff.; weitere Nachw. bei *Langen / Niederleithinger / Schmidt* GWB § 22 Rdnr. 42 ff.

[3] s. in Fn. 2.

[4] WuW/E OLG 1599 (Vitamin B 12) = BB 1975, 1270; WuW/E OLG 1645 ff. (Valium) = NJW 1976, 856 ff.

[5] Insoweit bestätigte der BGH a.a.O. die kammergerichtlichen Entscheidungen.

2 Cöster

Erster Teil

Teilanfechtung eines Verwaltungsakts

A. Begriff der Teilanfechtung

Der Begriff der Teilanfechtung eines Verwaltungsakts hängt davon ab, was unter einer Anfechtungsklage zu verstehen ist. Gemäß § 42 Abs. 1 VwGO ist die „Anfechtungsklage" auf die „Aufhebung" eines Verwaltungsakts gerichtet. Aber nach § 40 Abs. 1 FGO kann mit der „Anfechtungsklage" auch die „Änderung" eines Verwaltungsakts begehrt werden. Die Anfechtungsklage ist also Oberbegriff für die Aufhebungsklage und die Änderungsklage. Die gerichtliche Aufhebung bewirkt die ersatzlose[6] Beseitigung des Verwaltungsakts und schafft Raum für eine neue behördliche Entscheidung. Was unter der Änderung eines Verwaltungsakts zu verstehen ist, ergibt sich daraus, daß § 40 Abs. 1 FGO die Änderungsklage nur in den Fällen des § 100 Abs. 2 FGO zuläßt. Dort ist entsprechend § 113 Abs. 2 VwGO die Befugnis des Finanzgerichts geregelt, Verwaltungsakte zu reformieren. „Änderung" ist also zu verstehen als Reformation, d. h. als ersetzende[7] Entscheidung.

In diesem Sinne versteht auch das Prozeßrecht bei Anfechtung gerichtlicher Entscheidungen die Begriffe „Aufhebung" und „Abänderung". Bei begründeter Berufung hat das Berufungsgericht mit der kassatorischen Entscheidung (iudicium rescindens) in der Regel die reformatorische Entscheidung (iudicium rescissorium) zu verbinden[8]; entsprechend muß gemäß § 519 Abs. 3 Nr. 1 ZPO die Berufungsbegründung die Erklärung enthalten, welche „Abänderungen" des Urteils beantragt werden. — Bei begründeter Revision kann das Revisionsgericht im Gegensatz zur Berufung in der Regel nur die angefochtene Vorentscheidung aufheben und die Sache zum Erlaß der reformatorischen Entscheidung zurückverweisen; entsprechend muß gemäß § 554

---

[6] Es kommt darauf an, ob die mit der Anfechtungsklage angerufene Instanz die Ersetzung vornimmt; weil das Gericht den angefochtenen Verwaltungsakt nicht durch einen anderen Verwaltungsakt ersetzt hat, kann die Behörde eine Ersetzung vornehmen; anders *Tipke / Kruse* FGO § 100 Rdnr. 6, wo die gerichtliche Aufhebung als „nicht ersatzlos" bezeichnet wird.

[7] Das Gericht ersetzt, nicht die Behörde.

[8] Vgl. *Rosenberg / Schwab* § 141 III; *Bettermann*, Wacke-Festschrift S. 243.

Abs. 3 Nr. 1 ZPO die Revisionsbegründung die Erklärung enthalten, inwieweit die „Aufhebung" des Urteils beantragt wird[9]. Daraus ergibt sich das Wesen einer Totalanfechtungsklage als Klage, die auf Aufhebung oder Änderung eines Verwaltungsakts gerichtet ist. Mit der Teilanfechtungsklage verfolgt der Kläger nur eine beschränkte Anfechtung. Worin diese Beschränkung besteht und bestehen darf, ist eine Frage der Zulässigkeit der Teilanfechtung.

B. Zulässigkeit der Teilanfechtung

Die Zulässigkeit einer nur teilweisen Anfechtung eines Verwaltungsakts ergibt sich einmal aus der im Verwaltungs- wie im Zivilprozeß geltenden Dispositionsmaxime; die Parteien bestimmen den Streitgegenstand[10]. Daß der Kläger seine Anfechtung auf einen Teil des Verwaltungsakts beschränken darf, ist auch aus den Vorschriften der Verwaltungsgerichtsordnung über die gerichtliche Entscheidung auf die Anfechtungsklage zu entnehmen. Verwaltungsakte hat das Verwaltungsgericht nach § 113 Abs. 1 S. 1 VwGO nur aufzuheben, „soweit" der Verwaltungsakt rechtswidrig ist. Während jedoch die Verwaltungsgerichtsordnung in dieser Vorschrift über die gerichtliche Entscheidung die teilweise Rechtswidrigkeit regelt, fehlt eine entsprechende Bestimmung in § 42 VwGO für die Anfechtungsklage; die teilweise Anfechtung eines Verwaltungsakts ist nicht ausdrücklich erwähnt. Wegen der Möglichkeit einer Teilaufhebung durch das Gericht muß der Kläger aber das Recht haben, seinen Aufhebungsantrag von vornherein auf den rechtswidrigen Teil des Verwaltungsakts zu beschränken; gleiches gilt bei abänderndem Urteil für den Abänderungsantrag. Ob und inwieweit die Anfechtungsklage begründet ist, hängt nämlich „wie bei den Rechtsmitteln vom Rechtsmittelantrag, so hier vom Sachantrag des Anfechtenden ab: ob und wieweit er die Aufhebung und welche Änderungen des angefochtenen Verwaltungsakts er beantragt hat"[11]. Die Anfechtung des gesamten Verwaltungsakts bei nur teilweiser Rechtswidrigkeit hätte außer der Aufhebung des rechtswidrigen die gerichtliche Bestätigung des rechtmäßigen Teils zur Folge; der Adressat des Verwaltungsakts könnte nur um den Preis einer teilweisen Klageabweisung sein Aufhebungsziel erreichen. Dem Kläger ist des-

---

[9] Gemäß dem dargelegten Verständnis insbesondere des Rechtsmittelrechts werden im folgenden die Änderung und Aufhebung eines Verwaltungsakts verstanden. In diesem Sinne ist auch die nur teilweise Aufhebung keine Änderung des Verwaltungsakts; anders BGH NJW 1976, 2259 (2260) (Vitamin B 12); BGH NJW 1977, 675 (Valium); vgl. unten Dritter Teil sub D.

[10] § 308 ZPO, § 88 VwGO, § 96 FGO und § 123 SGG, wonach das Gericht über das Klagebegehren nicht hinausgehen darf.

[11] *Bettermann*, Bötticher-Festschrift S. 27.

halb diejenige Fassung des Klageantrags zu gestatten, mit der er bei Richtigkeit seines Sachverhalts- und Rechtsvortrags einen vollkommenen Klageerfolg erzielt. Eine Teilanfechtung muß zulässig sein, obwohl sie in § 42 Abs. 1 VwGO und § 40 Abs. 1 FGO nicht ausdrücklich erwähnt ist[12].

I. Quantitative Beschränkung der gerichtlichen Prüfungsbefugnis

Nicht nur bestimmt die dem Gericht mögliche Teilaufhebung die Zulässigkeit der Teilanfechtung, sondern umgekehrt begrenzt auch die Teilanfechtung den Umfang der (Teil)Aufhebung. Diese Wechselwirkung zwischen Antrag und Urteil(stenor) ergibt sich aus §§ 88 VwGO, 96 Abs. 1 S. 2 FGO. Eine Teilanfechtung, z. B. der mit einer Genehmigung verbundenen Auflage[13], bewirkt, daß das Gericht auf die Prüfung dieses Teils beschränkt ist. Eine solche Anfechtung, die das Ergebnis des Verwaltungsakts nur zum Teil angreift, erfolgt oft bei den reformationsfähigen Verwaltungsakten des § 100 Abs. 2 S. 1 FGO und des § 113 Abs. 2, 1. Alt. VwGO, soweit sie eine Leistung in Geld oder anderen vertretbaren Sachen betreffen. Bei diesen „Abgabenbescheiden"[14] nimmt der Kläger eine Teilanfechtung der Höhe, d. h. der Quantität, nach vor, wenn sich nach seiner Auffassung bei richtiger Würdigung des Falles ein geringerer Betrag ergibt, als im Verwaltungsakt festgesetzt ist. Das Gericht ist auf die Überprüfung des überschießenden Teils beschränkt, wie es nur über eine allein angefochtene Auflage[15] zu entscheiden hat.

II. Qualitative Beschränkung der gerichtlichen Prüfungsbefugnis

Streitig ist, ob der Kläger mit derselben limitierenden Wirkung für das Gericht seine Anfechtung auch auf einzelne Punkte der Begründung beschränken kann, auf denen die Verwaltungsentscheidung mit ihrem Ergebnis beruht. So hat der Betroffene bei einem Verwaltungsakt, der an mehreren Fehlern leidet, ein Interesse an der ausschließ-

---

[12] Im kartellgerichtlichen Verfahren wird die Teilanfechtung für möglich erachtet, obwohl § 70 GWB, im Gegensatz zu § 113 Abs. 1 VwGO, § 100 Abs. 1 FGO, nicht einmal eine teilweise Aufhebung einer Kartellverfügung (ausdrücklich) vorsieht, vgl. *Junge* in Gemeinschaftskommentar GWB § 70 Rdnr. 5 m.w.N.

[13] In der allgemeinen verwaltungsrechtlichen Literatur wird die Teilanfechtung insbesondere als Problem der Anfechtbarkeit von Nebenbestimmungen erörtert.

[14] Wie man die genannten Verwaltungsakte bezeichnen kann, die in der Finanzgerichtsbarkeit meistens Steuerbescheide sind.

[15] Nicht gemeint ist die sogenannte „modifizierende Auflage", dazu unten Zweiter Teil A. II. 3.

lichen Berichtigung der ihm ungünstigen Fehler. Bei Steuerbescheiden würde er die Anfechtung auf bestimmte Besteuerungsgrundlagen im Sinne der §§ 157 Abs. 2, 179, 180 AO, auf bestimmte Besteuerungsmerkmale oder Besteuerungselemente, beschränken. Über Fehler, die für den Kläger günstig sind, dürfte das Gericht nicht erkennen und diese nicht berichtigen. Die gerichtliche Entscheidung brächte dem Kläger bei erfolgreicher Anfechtung immer eine günstigere Regelung des Falles, da eine Saldierung sämtlicher Verwaltungsfehler, ja schon die Prüfung des Verwaltungsakts auf andere als die vom Kläger angefochtenen Fehler, nicht vorgenommen werden dürfte. Den Versuch, die Prüfungs- und Entscheidungskompetenz des Gerichts nicht hinsichtlich des Ergebnisses, sondern hinsichtlich der Gründe des angefochtenen Verwaltungsakts zu beschränken, kann man als „qualitative Teilanfechtung" im Gegensatz zur quantitativen Anfechtung der Höhe nach bezeichnen[16]. Diese Begriffsbildung ändert aber nichts daran, daß bei Abgabenbescheiden eine erfolgreiche qualitative Teilanfechtung — deren Zulässigkeit unterstellt — keinen qualitativ anderen, sondern nur einen quantitativ abweichenden Verwaltungsakt hervorbringt. Ergebnis ist ein Bescheid in anderer Höhe, der ein (quantitatives) minus, kein aliud des ursprünglichen Verwaltungsakts ist.

1. Begründungs- oder Ergebnisanfechtung

Was sich die Befürworter[17] einer derartigen Teilanfechtung vorstellen, wird noch deutlicher, wenn man diese Art der Teilanfechtung dem Begriffspaar Begründungsanfechtung[18] und Ergebnisanfechtung zuordnet. Bei der Begründungsanfechtung und zugleich bei der geschilderten Art der Teilanfechtung, stellt sich die Frage, ob überhaupt der Verwaltungsakt, d. h. eine rechtliche Regelung angefochten wird. Während es sich bei der Klage gegen die festgesetzte Abgabenschuld um eine Klage gegen das Ergebnis des Verwaltungsakts und damit um die Anfechtung einer Regelung im Sinne des § 35 VwVfG und des § 118 AO handelt, ist dies bei der Anfechtung der Begründung nicht immer der Fall. Die Begründung ist weder mit dem Verwaltungsakt identisch noch Teil der in dem Verwaltungsakt getroffenen rechtlichen

---

[16] *Bettermann*, Wacke-Festschrift S. 251 ff.

[17] Die Zulässigkeit einer qualitativen Teilanfechtung wird vertreten von *Söhn* VerwA 60 (1969), 81 (86); *J. Martens* FR 1968, 361 ff.; *Müffelmann*, Die objektiven Grenzen der materiellen Rechtskraft steuergerichtlicher Urteile, Schriften zum Steuerrecht Bd. 1 S. 175. Die Saldierungstheorie wird vertreten von BFH (GS) 91, 393 (398 ff.); 94, 310; 96, 510 (511); *Hübschmann / Hepp / Spitaler* Einf. FGO Rdnr. 82 f. m.w.N.; *Ziemer* FR 1968, 369 f.; *Gorski*, Der Streitgegenstand der Anfechtungsklage gegen Steuerbescheide, Zur Saldierungs- und Individualisierungstheorie, Schriften zum Steuerrecht Bd. 9, Berlin 1973.

[18] Dazu *Weidemann* VerwA 63 (1972), 55 ff.

Regelung[19]. Wird die Begründung angefochten, so richtet sich die Klage nicht gegen den Verwaltungsakt, der auf dieser Begründung aufbaut[20].

Um eine so verstandene Begründungsanfechtung handelt es sich jedoch nicht, wenn einzelne Besteuerungsmerkmale angefochten werden: Der Kläger, der seine Anfechtung des Abgabenbescheides auf bestimmte Fehler beschränkt, betreibt die Herabsetzung seiner Zahlungsverpflichtung. Seine Teilanfechtung soll sich auf das Ergebnis des Verwaltungsakts auswirken; daß er seine Anfechtung an Hand der Begründung begrenzt und den Verwaltungsakt nicht nur der Höhe nach teilweise anficht, dient der Sicherung einer günstigeren Entscheidung. Auf das summenmäßige Ergebnis des reformierten Verwaltungsakts kommt es dem Kläger letztendlich an[21]. Die qualitative Teilanfechtung läßt sich bezeichnen als Ergebnisanfechtung mit beschränkten Gründen. Da aber nicht nur die Begründung angefochten wird, sondern auch die Änderung des Ergebnisses begehrt wird, betrifft die geschilderte Teilanfechtung die Änderung einer rechtlichen Regelung; sie ist insofern unproblematisch.

2. Saldierung zu Lasten und zugunsten des Klägers

Aus anderen Gründen ist mit der sogenannten „Saldierungstheorie" eine derartige Teilanfechtung abzulehnen. Ein Verwaltungsakt kann nicht angefochten werden, wenn nur die Begründung in einzelnen Punkten falsch ist, sondern es kommt auf die ergebnismäßige Unrichtigkeit des Verwaltungsakts an. Dies wird deutlich in dem Fall, daß sich die „Saldierungstheorie" zugunsten des Klägers auswirkt: Sämtliche vom Kläger nicht gerügten Fehler sind aufzudecken. Meistens wird es sich dabei um ihm günstige Fehler handeln, weshalb sich dann eine Fehlersaldierung zu seinen Lasten auswirkt, während die Beschränkung auf die gerügten Fehler zu einem dem Kläger günstigeren Ergebnis führen würde. Eine Beschränkung auf die gerügten Fehler kann für den Kläger aber auch nachteilig sein, wenn die Behörde weitere Fehler zu seinen Lasten begangen hat, die er nicht erkannt und gerügt hat[22]; vom Standpunkt der Befürworter einer qualitativen Teil-

---

[19] *Weidemann* S. 63.

[20] *Weidemann* S. 73 kommt deshalb zu dem Ergebnis, daß die Begründungsanfechtung nur insoweit zulässig sei, als die Begründung eine selbständige rechtliche Regelung darstelle. Beispiel nach *Weidemann* S. 65: Ein Gewerbetreibender hat mit Verlust abgeschlossen; die Einkommensteuer wird auf Null festgesetzt; der Steuerpflichtige ficht an und beantragt die Feststellung eines höheren Verlustes wegen nicht berücksichtigter Betriebsausgaben.

[21] *Söhn* S. 82: „Teilanfechtung ist in diesem Zusammenhang als partielle Anfechtung der Entscheidung ‚dem Grunde nach' und (zusätzlich) der Entscheidung ‚der Höhe nach' zu verstehen."

anfechtung bedürfte es einer Klageänderung, um durch Nachschieben neuer Anfechtungsgründe die ursprüngliche Beschränkung aufzuheben und die Nachprüfung auf weitere Fehler zu erstrecken[23]. Die Zulässigkeit einer Saldierung kann aber nicht im Einzelfall davon abhängig gemacht werden, wie sie sich für den Kläger auswirkt, so daß bei ihn belastenden Fehlern die Beschränkung für das Gericht gälte[24]. Entweder prüft und berichtigt[25] das Gericht nur die vom Kläger gerügten Fehler, auf denen der Verwaltungsakt beruht, oder es überprüft ihn in vollem Umfange, d. h. auf jeden ergebnismäßig relevanten Mangel; diese Frage muß im grundsätzlichen und eindeutig beantwortet werden.

3. Anfechtung gerichtlicher Entscheidungen

Daß durch die Anfechtung die gerichtliche Prüfung eines Abgabenbescheides nicht auf einzelne Fehler beschränkt werden kann, ergibt sich aus einem Vergleich mit der Anfechtung gerichtlicher Entscheidungen[26]. Die Prüfungsbefugnis des Verwaltungsgerichts[27] gleicht der des Berufungsgerichts, weil beide Gerichte die angefochtene Entscheidung auch in tatsächlicher Hinsicht prüfen[28]. Im Berufungsverfahren bestimmt der Rechtsmittelführer, „inwieweit das Urteil angefochten wird und welche Abänderungen beantragt werden" (§ 519 Abs. 3 Nr. 1 ZPO). Auch hier kann die anfechtende Partei daran interessiert sein, daß die gerichtliche Entscheidung nur in bestimmten Punkten zur Nachprüfung des Berufungsgerichts gestellt wird. Wie zu § 88 VwGO stellt sich die gleiche Frage zu § 536 ZPO, in welcher Weise die Dispositionsbefugnis der Parteien Art und Umfang der gerichtlichen Entscheidung zu bestimmen vermag. Wenn z. B. die Vorinstanz eine Klage abgewiesen hat, weil der Anspruch zwar bestehe, aber verjährt sei, kann dann das Berufungsgericht die Berufung des Klägers mit der Begründung zurückweisen, daß der Anspruch nicht bestehe oder die Klage unzulässig sei? Oder wenn das Verwaltungsgericht den Verwaltungsakt für formell rechtmäßig gehalten hat, aber wegen materieller Rechtswidrigkeit aufgehoben hat, kann dann auf die Berufung, mit der die Behörde die materielle Rechtmäßigkeit des Verwaltungsakts

---

[22] *Bettermann*, Wacke-Festschrift S. 251; dies erkennt als Gegner der Saldierungstheorie auch *Söhn* S. 81 an.

[23] *Bettermann* ebd. S. 251.

[24] *Bettermann* ebd. S. 251 f.

[25] Bei Abgabenbescheiden ist das Gericht gemäß §§ 113 Abs. 2 VwGO, 100 Abs. 2 S. 1 FGO befugt, die fehlerhafte durch die richtige Entscheidung zu ersetzen.

[26] Diesen Vergleich führt *Bettermann* ebd. S. 252 ff. durch.

[27] Ebenso des Finanzgerichts und des Sozialgerichts.

[28] Ein Unterschied besteht darin, daß das Berufungsgericht, anders als das Verwaltungsgericht, auch ein der Vorinstanz eingeräumtes Ermessen in vollem Umfang kontrollieren darf.

geltend macht, das Oberverwaltungsgericht die Aufhebung wegen formeller Rechtswidrigkeit des Verwaltungsakts bestätigen? Die Ant-
worten geben § 537 ZPO und § 128 VwGO[29], wonach über alle Streitpunkte zu entscheiden ist und nur eine ergebnismäßige Beschränkung
der Anfechtung durch den Berufungsantrag des Berufungsführers möglich ist[30]. Daß es nur auf die ergebnismäßige Richtigkeit der angefochtenen Entscheidung ankommt, zeigt das Rechtsmittelrecht der Prozeß-
ordnungen in § 563 ZPO[31], § 144 Abs. 4 VwGO, § 126 Abs. 4 FGO und
§ 170 Abs. 1 S. 2 SGG: Wenn „die Entscheidungsgründe eine Gesetzesverletzung ergeben", ist die Revision begründet. Daß § 563 ZPO den
Fall einer begründeten Revision regelt, ergibt sich aus dem entsprechenden Absatz 4 des § 144 VwGO. Dieser regelt ebenso wie der vorangehende Absatz 3 eine begründete Revision. Trotzdem wird nach Absatz 4 und § 563 ZPO die Revision zurückgewiesen, wenn und weil „sich
die Entscheidung selbst aus anderen Gründen als richtig darstellt"[32].
Die Zurückweisung der Revision wegen Ergebnisrichtigkeit ist aber
nur möglich, weil sich das Gericht nicht auf die Feststellung beschränkt,
daß die angefochtene Entscheidung an Fehlern leidet. Dies allein müßte
zur bloßen Aufhebung wegen Begründetheit des Rechtsmittels führen.
Statt dessen würdigt das Gericht den ganzen Rechtsstreit und nicht
nur einzelne Streitpunkte. Erst nachdem es selbst die richtige Entscheidung des Rechtsstreits ermittelt hat, kann es die angefochtene
Entscheidung wegen ihrer ergebnismäßigen Übereinstimmung bestätigen. Diese Bestätigung trotz Gesetzwidrigkeit wegen Ergebnisrichtigkeit stimmt darin mit einer reformatorischen Entscheidung überein:
mit beiden Urteilen entscheidet das Revisionsgericht „in der Sache
selbst", d. h. den Rechtsstreit[33]. Es kann einzelne den Anspruch betreffende Streitpunkte auch zum Nachteil des Klägers verändern; nur
ergebnismäßig riskiert dieser nicht mehr als die Zurückweisung der
Revision, so daß es insoweit beim angefochtenen Urteil bleibt.

Auch ohne Normierung gilt inhaltlich für die Berufung und die
Beschwerde dasselbe wie für die Revision. Es war für den Gesetzgeber

---

[29] Vgl. auch § 157 SGG; s. *Bettermann*, Wacke-Festschrift in Fn. 38 zu § 318
StPO.

[30] Nur die quantitative, nicht aber die qualitative Beschränkung der Berufung ist zulässig, vgl. *Eyermann / Fröhler* § 128 Rdnr. 1 unter Hinweis auf
Bettermann ebd. S. 252; im Revisionsrecht gilt nur auf den ersten Blick etwas
Gegenteiliges: Zwar müssen Verfahrensmängel ordnungsgemäß gerügt werden, um beachtlich zu sein, § 559 ZPO. Dies gilt aber nicht für Verfahrensmängel, die auch das Revisionsgericht von Amts wegen zu beachten hat und
die aus diesem Grunde nicht der Disposition der Parteien unterliegen, *Stein /
Jonas / Grunsky* § 559 Anm. IV. 2.

[31] Zu § 563 ZPO vgl. *Bettermann* ZZP 88 (1975), 365 ff. (374 ff.).

[32] Das gilt nicht bei den „absoluten" Verfahrensfehlern der §§ 551 ZPO,
138 VwGO, 119 FGO.

[33] Vgl. *Bettermann*, Ipsen-Festschrift S. 286.

selbstverständlich, daß bei der grundsätzlich reformatorischen Funktion der Berufung und der Beschwerde den Gerichten auch die „volle Überprüfung der angefochtenen Entscheidung auf ihre Ergebnisrichtigkeit" obliegt[34]. Lediglich bei der primär kassatorisch wirkenden Revision ist der Hinweis sinnvoll, daß das Revisionsgericht sich nicht mit der Feststellung von Rechtsfehlern begnügen darf, wenn die angefochtene Entscheidung im Ergebnis richtig ist[34].

Dieselbe umfassende Prüfungsbefugnis steht dem Verwaltungsgericht bei Anfechtung von Verwaltungsakten zu. Es ist nicht auf die vom Anfechtungskläger gerügten Fehler oder auf bestimmte Elemente der angefochtenen Entscheidung beschränkt. Vielmehr hat das Verwaltungsgericht zu prüfen, ob der angefochtene Verwaltungsakt im Ergebnis richtig ist. Für Verfahrensfehler ordnet dies ausdrücklich § 46 VwVfG an, zu dessen Rechtfertigung die amtliche Begründung[35] auf § 563 ZPO und § 144 Abs. 4 VwGO verweist: die Aufhebung des rechtswidrigen Verwaltungsaktes kann wegen seiner Ergebnisrichtigkeit nicht beansprucht werden; das Gericht muß ihn bestätigen. Diese dem Gericht in § 46 VwVfG für Verfahrensfehler eingeräumte Befugnis, zum Zwecke der Bestätigung des angefochtenen Verwaltungsaktes selbst den Einzelfall zu entscheiden, d. h. zu reformieren[33], hat das Verwaltungsgericht immer. Einer ausdrücklichen Ermächtigung zur bestätigenden Reformation bedarf es nicht. Diese Art der gerichtlichen Selbstentscheidung des Falles ist zu unterscheiden von der reformatorischen Entscheidung gemäß § 113 Abs. 2 VwGO und § 100 Abs. 2 S. 1 FGO: dort wird das rechtswidrige Ergebnis des angefochtenen Verwaltungsakts durch ein „anderes", d. h. richtiges, ersetzt. Demgegenüber ist die reformatorische *Bestätigung* des angefochtenen Ergebnisses schon nach § 113 Abs. 1 S. 1 VwGO und § 100 Abs. 1 S. 1 FGO zulässig und notwendig, da das Gericht nur *ergebnismäßig* fehlerhafte Verwaltungsakte aufheben darf[36, 37].

Daraus ergibt sich die Beurteilung des Falles, daß sich mehrere Fehler eines Abgabenbescheides gegenseitig kompensieren: da der Bescheid ergebnismäßig richtig ist, muß ihn das Finanzgericht bestätigen, also die Klage als unbegründet abweisen.

4. Grenzen der Dispositionsmaxime

Die Richtigkeit dieser Aussage läßt sich überprüfen von dem Ausgangspunkt her, den auch Gegner der Saldierungstheorie[38] für sich in

---

[34] *Bettermann*, Wacke-Festschrift S. 254.
[35] BT-Drs. 7/910 S. 66.
[36] Es muß sich um gebundene Verfahrensakte handeln, da allein bei diesen § 113 Abs. 2 VwGO und § 100 Abs. 2 S. 1 FGO anwendbar sind.
[37] s. unten zur „konfirmatorischen" Bestätigung Dritter Teil D. II.

Anspruch nehmen: §§ 88 VwGO, 96 Abs. 1 S. 2 FGO als Ausdruck der Dispositionsmaxime. Aus ihr läßt sich nicht die Zulässigkeit der qualitativen Teilanfechtung und die das Gericht in seiner Prüfungsbefugnis beschränkende Wirkung herleiten. Zur Begründung ist auf die „qualitative Teilanfechtung" das anzuwenden, was zur Zulässigkeit und Wirkung einer quantitativen Teilanfechtung gesagt wurde: Da das Gericht bei einer Totalanfechtung den Verwaltungsakt nicht nur in toto, sondern auch in quantitativ geringerem Umfang aufheben oder abändern kann, muß dem Kläger eine entsprechend beschränkte Anfechtung gestattet sein. Wenn er von dieser teilweisen Anfechtung Gebrauch macht, bestimmt sie ihrerseits gemäß §§ 88 VwGO, 96 Abs. 1 S. 2 FGO die gerichtliche Entscheidung; das Urteil ist insofern das Spiegelbild des Klageantrages. Durch eine qualitative Teilanfechtung eines ergebnismäßig richtigen Bescheides kann aber kein Urteil erzwungen werden, in dem nur dem Kläger ungünstige Fehler aufgehoben und durch eine richtige Beurteilung ersetzt werden; denn damit würde aus dem angefochtenen Bescheid, dessen Fehler sich gegenseitig kompensierten, ein Verwaltungsakt entstehen, der zwar in der Begründung nur noch dem Kläger günstige Fehler enthielte, jetzt aber zusätzlich ergebnismäßig rechtswidrig wäre. Für die ersetzende Entscheidung, um die es hier geht, bestimmt § 113 Abs. 2 VwGO, daß das Gericht die Leistung in „anderer Höhe" festsetzen kann, und gemäß § 100 Abs. 2 S. 1 FGO kann das Gericht den „anderen" Betrag selbst *festsetzen*. Damit sind die Leistung in *richtiger* Höhe und der *richtige* Betrag gemeint. Ansonsten würde um der Behebung einzelner Fehler willen das angefochtene summenmäßig richtige Ergebnis unrichtig gemacht werden. Da es eine derartige Gerichtsentscheidung nicht geben darf, braucht es auch keine entsprechende Klageart zu geben; diese wäre auf eine gesetzlich unzulässige Entscheidung gerichtet. Daran ändert auch die Dispositionsmaxime nichts; denn nur Entscheidungen, welche die „Prozeßordnung vorsieht, müssen von den Parteien beantragt werden können"[39]. Das Urteil im Anfechtungsprozeß hat den Verwaltungsakt zu berichtigen oder Raum für eine richtige behördliche Entscheidung zu schaffen. Eine Entscheidung, die einen angefochtenen, ergebnismäßig richtigen Verwaltungsakt unrichtig macht, sehen die Verwaltungs- und Finanzgerichtsordnung nicht vor. An dieser durch den Gesetzgeber entschiedenen Frage endet die Parteiherrschaft[40].

---

[38] *Schimmel* FR 1967, 294 ff. (297).

[39] *Bettermann*, Wacke-Festschrift S. 251.

[40] Ebenfalls nicht der Disposition des Anfechtungsklägers unterliegt die Wahl des Gerichts zwischen Reformation und Kassation, vgl. unten bei Fn. 320. Er bestimmt nur den quantitativen Umfang der Abänderung und der Aufhebung, vgl. *Bettermann* ebd. S. 237.

5. Verbot der reformatio in peius

Die Befürworter einer qualitativen Teilanfechtung haben, wenn sie sich auf den Dispositionsgrundsatz berufen, auch nur eine bestimmte Positivierung der Parteienherrschaft vor Augen, nämlich das Verbot der reformatio in peius[41]. Die Teilanfechtung als Ausdruck der Dispositionsmaxime soll das Gericht daran hindern, bei dem Kläger günstigen, fehlerhaft festgesetzten Rechnungsposten eine Verböserung durch Berichtigung vorzunehmen. Das „peius" im sogenannten Verböserungsverbot bezieht sich jedoch nicht auf einzelne Rechnungsposten, aus welchen sich der Gesamtabgabenbetrag ergibt; dem Gericht ist nicht verboten, einzelne fehlerhafte Rechnungsfaktoren auch zuungunsten des Anfechtenden nunmehr richtig zu bewerten, wenn die ursprüngliche Gesamtsumme nicht überschritten wird[42]. Ein auf einzelne Fehlerpunkte bezogenes Verbot der reformatio in peius würde zu einem (ergebnismäßigen) Gebot der reformatio in melius führen. Eine solche „Verbesserung", die aus einem ergebnismäßig rechtmäßigen einen rechtswidrigen Verwaltungsakt macht, kann von den Parteien nicht erzwungen werden[43]. Das Verwaltungsgericht hat in den Grenzen des angefochtenen quantitativen Teils sämtliche Verstöße der Behörde zu prüfen und die dem Kläger nachteiligen mit den ihm günstigen zu saldieren.

---

[41] Das Verböserungsverbot ist — vom Strafprozeß abgesehen — aus der Bindung des Gerichts an den Klageantrag zu entnehmen, BFH 84, 545 (547); 86, 178 (180); (GS) 91, 393 (398, 402); 91, 523; 96, 337; *Eyermann / Fröhler* § 88 Rdnr. 2; *Bettermann* ebd. S. 234 m.w.N. in Fn. 2 und zu abweichenden Auffassungen bei und in Fn. 3.

[42] Zu § 536 ZPO vgl. RG JW 1937, 2366 (2367); BGH VersR 1961, 374 mit dem Hinweis, daß die Änderung der erstinstanzlichen Entscheidungsgründe nicht gegen § 536 ZPO verstößt.

[43] Wohl ist es möglich, daß durch Urteil über einen quantitativen Teil ein anderer nicht angefochtener Teil rechtswidrig wird, vgl. unten Zweiter Teil B. III. 1. b).

Zweiter Teil

Teilkassation eines Verwaltungsakts

Unter welchen Voraussetzungen eine teilweise Anfechtung eines Verwaltungsakts zulässig ist, beurteilt sich nicht nur bei der „qualitativen", sondern auch bei der quantitativen Teilanfechtung danach, ob die erstrebte Gerichtsentscheidung gesetzlich zulässig ist. Nur dann muß dem Kläger wegen der Dispositionsmaxime, und um einer teilweisen Klageabweisung entgehen zu können, die entsprechende Teilanfechtung zustehen. Die Zulässigkeit einer Teilanfechtungsklage ist deshalb von den Zulässigkeitsvoraussetzungen einer gerichtlichen Teilaufhebung abhängig[44].

Gemäß § 113 Abs. 1 Satz 1 VwGO hebt das Verwaltungsgericht den Verwaltungsakt auf, soweit er rechtswidrig ist. Aus dem Wort „soweit" ergibt sich die Möglichkeit einer Teilaufhebung. Wegen des Wortlauts „aufheben" und der besonderen Zulassung einer den Verwaltungsakt abändernden Entscheidung in den §§ 113 Abs. 2 VwGO, 100 Abs. 2 S. 1 FGO steht dem Verwaltungsgericht eine Änderungsbefugnis auf Grund des § 113 Abs. 1 VwGO, § 100 Abs. 1 FGO nicht zu.

Zwischen der totalen Aufhebung und der Abänderung des Verwaltungsakts steht dessen teilweise Aufhebung. Sie ist von der Abänderung abzugrenzen, da diese als Ausnahme vom grundsätzlich kassatorischen Urteil einer gesetzlichen Ermächtigung bedarf[45]. Nach herrschender Meinung hat die Teilkassation folgende Voraussetzungen[46]:

---

[44] Ob die Möglichkeit der Aufhebung einer Teilregelung als Frage der Zulässigkeit oder Begründetheit der Klage anzusehen ist, wird in Rechtsprechung und Literatur nicht einheitlich beantwortet. In einer Entscheidung v. 8. 2. 1974 (DÖV 1974, 380) hat das BVerwG die Zulässigkeit der isolierten Aufhebung einer Auflage unter dem Gesichtspunkt des § 113 Abs. 1 VwGO (Teilbarkeit) gewürdigt und damit zur Zulässigkeitsprüfung auf ein Moment der Begründetheit abgestellt; ebenso BVerwG v. 3. 5. 1974 (DÖV 1974, 563 [564]) und bereits BVerwGE 29, 261 (265); Darstellung bei *Erichsen* VerwA 66 (1975), 299 ff. und *Lange* AöR 102 (1977), 337 (362 ff.), der die isolierte Anfechtung einer untrennbaren Auflage nicht als unzulässig, sondern nur als unbegründet ansieht.

[45] BVerwGE 1, 163; vgl. unten Dritter Teil IV. 4.

[46] BVerwG DÖV 1974, 380; *Menger*, System S. 174; W. *Martens* DVBl 1965, 428; *Badura* JuS 1964, 103; *Ule* VwGO § 113 Anm. I. 1. c); *Skouris*, Teilnichtigkeit S. 25 Fn. 53 m.w.N. zur Verwaltungsgerichtsordnung. Zur Finanzgerichts-

Der Verwaltungsakt muß teilbar sein[47], und die Aufrechterhaltung des rechtmäßigen Teils muß dem mutmaßlichen Behördenwillen entsprechen[48].

A. Teilbarkeit eines Verwaltungsakts

Der „Teil eines Verwaltungsakts" ist erwähnt in § 44 Abs. 4 VwVfG, ohne daß sich dort eine Definition der Teilbarkeit findet. Gleiches gilt für § 59 Abs. 3 VwVfG, der die Teilnichtigkeit eines öffentlich-rechtlichen Vertrages voraussetzt. Es fehlt auch eine Norm zur Teilbarkeit von Gesetzen und Gesetzesbestimmungen[49, 50].

I. Definition der Teilbarkeit

Nach herrschender Meinung soll ein Verwaltungsakt teilbar sein, „wenn die Absonderung des fehlerhaften Teils die Bestandsfähigkeit des verbleibenden unbedenklichen Restes nicht berührt, ihm die Selbständigkeit und Verwaltungsakteigenschaft nicht entzieht"[51]. Die Brauchbarkeit dieser Definition hängt davon ab, welches Ziel mit der Einführung dieser Teilaufhebungsvoraussetzung[52] erreicht werden soll bzw. wann eine Teilaufhebung wegen Nichterfüllung dieses Erfordernisses unzulässig ist. Welche Funktion die Teilbarkeit hat, wie sie von der herrschenden Meinung definiert wird, ergibt die Entstehungsgeschichte der oben genannten Definition: Sie wurde dem Rechtsgedanken des § 139 BGB nachgebildet, wo die Frage geregelt ist, ob bei teilweiser Nichtigkeit das ganze Rechtsgeschäft nichtig ist oder ein Teil gültig bleibt. § 139 BGB regelt also die Gültigkeit des verbleibenden, von der Nichtigkeit nicht erfaßten Teils. Keine Aussage wird darüber getroffen, wann das aufrechtzuerhaltende Rechtsgeschäft wirklich ein Teil des ursprünglichen ist. Entsprechend ist die Brauchbarkeit der obigen Definition der Teilbarkeit eines Verwaltungsakts begrenzt, weil sie an dem Rechtsgedanken des § 139 BGB orientiert

---

ordnung *Ziemer* FR 1968, 369; *Schimmel* FR 1967, 294; *Tipke / Kruse* FGO § 100 Rdnr. 4.

[47] Vgl. *Windscheid / Kipp*, Lehrbuch des Pandektenrechts Band 2, 9. Aufl., 1963 Neudruck der Ausgabe Frankfurt am Main 1906, § 253 bei Fn. 10: Der Unterschied zwischen teilbaren und unteilbaren Forderungsrechten liegt darin, daß das teilbare Forderungsrecht teilweise aufgehoben werden kann.

[48] So die Vertreter der sogenannten Willenstheorie, s. unten B. I.

[49] Dazu *Skouris* S. 30 ff. und 76 ff.

[50] Vgl. auch § 43 Abs. 2 VwVfG zur teilweisen Rücknahme, zum teilweisen Widerruf und zur teilweisen Erledigung des Verwaltungsakts.

[51] *Skouris* S. 25. Inhaltlich die in Fn. 46 Genannten.

[52] § 113 Abs. 1 S. 1 VwGO definiert die Teilbarkeit nicht.

wurde. Sie regelt die Aufrechterhaltung des rechtmäßigen Restes des angefochtenen Verwaltungsakts: dieser Rest muß „Bestandsfähigkeit" und „Verwaltungsakteigenschaft" besitzen. Ob aber der Restverwaltungsakt, dessen Aufrechterhaltung zur Beurteilung ansteht, tatsächlich durch Teilung oder aber durch Abänderung des ursprünglichen Verwaltungsakts entstanden ist, steht damit noch offen. Die genannte Definition leistet keinen Beitrag zur Teilbarkeit und zur Teilung eines Verwaltungsakts als Gegensatz zu dessen Abänderung. Vielmehr wird zu diesem Zweck die weitere Voraussetzung einer Teilaufhebung aufgestellt, daß der rechtmäßige Rest des angefochtenen Verwaltungsakts ein wesensgleiches minus und kein aliud[53] darstelle. Die damit getroffene Abgrenzung zwischen zulässiger (Teil)Aufhebung und grundsätzlich unzulässiger Abänderung ist jedoch schon bei der Teilbarkeit eines Verwaltungsakts zu behandeln, da die Abänderung eines Verwaltungsakts keine Teilung darstellt. Im Zivilrecht läßt sich ein Vertragsverhältnis nicht in einzelne Teile zerlegen, wenn sich dadurch „seine Wesensart, sein Gesamtcharakter verändert"[54]. Genauso muß der angefochtene Verwaltungsakt nach richtiger Auffassung von Teilbarkeit immer dann schon als unteilbar bezeichnet werden, wenn der rechtmäßige Verwaltungsakt, der eigentlich hätte erlassen werden müssen, ein aliud ist und wenn das Anfechtungsurteil — sofern das Gericht nicht totaliter aufhebt — nicht aufhebenden, sondern abändernden Charakter hat.

Daß die oben genannte Definition der Teilbarkeit dem nicht gerecht wird, sondern auch Verwaltungsakte, die nur abänderbar sind, als teilbar erscheinen läßt, zeigt folgendes Beispiel: Die Behörde erteilt eine Bauerlaubnis für ein fünfgeschossiges Gebäude. Der beschwerte Nachbar erhebt Anfechtungsklage. Das Gericht kommt zu dem Ergebnis, daß die Erlaubnis fünfgeschossiger Bauweise rechtswidrig, eine viergeschossige Bebauung jedoch genehmigungsfähig sei. Das Gericht möchte eine viergeschossige Bebauung genehmigen. Hier könnte man erwägen, die Erlaubnis fünfgeschossiger Bebauung sei teilbar und deshalb die Genehmigung viergeschossiger Bebauung ein Teil davon: Nach „Absonderung des fehlerhaften Teils"[55], hier der Erlaubnis, ein fünftes Geschoß zu errichten, sei die restliche (rechtmäßige) Bauerlaubnis, viergeschossig zu bauen, auch selbständig bestandsfähig und habe Verwaltungsakteigenschaft. — In diesem Fall ist aber die rechtmäßige (nicht erteilte) Erlaubnis nicht Teil der rechtswidrigen (erteilten) Bau-

---

[53] Zu diesem formelhaft ausgedrückten Unterschied zwischen Verwaltungsakten, die nach Teilaufhebung oder Abänderung entstehen, *Bachof*, Die verwaltungsgerichtliche Klage 1. Teil § 4 I. 7. S. 48 und *Eyermann / Fröhler* § 113 Rdnr. 37.

[54] *Larenz* AT § 23 II. b).

[55] Vgl. oben bei Fn. 51.

erlaubnis, die viergeschossige ist nicht Teil der fünfgeschossigen Bebauung.

Mit dem Bundesverwaltungsgericht[56] ist davon auszugehen, daß eine Baugenehmigung auf Grund einer Überprüfung aller nach öffentlichem Baurecht erheblichen Fragen einheitlich für das gesamte Antragsobjekt ergeht; „sie kann nicht ohne weiteres hinsichtlich der Zahl der Geschosse eingeschränkt werden, ohne daß es einer erneuten Überprüfung und Genehmigung des dann entstehenden anderen Gebäudes bedarf. Die Baugenehmigung ist deshalb insoweit grundsätzlich nicht teilbar ...[56]." Die Genehmigung viergeschossiger Bebauung ist ein aliud gegenüber der beantragten fünfgeschossigen Bebauung.

An diesem Beispiel zeigt sich die Unbrauchbarkeit der obigen Teilbarkeitsdefinition, weil sie nicht sagt, wann eine „Absonderung des fehlerhaften Teils" ohne wesensmäßige Änderung des Restes vorliegt. Nach dieser Definition wäre die Genehmigung fünfgeschossiger Bebauung teilbar, weil die Erlaubnis viergeschossiger Bebauung „selbständigen Bestand" hat und „Verwaltungsaktqualität" besitzt.

Auf diese nachrangige Frage, ob der verbleibende Verwaltungsakt aufrechterhaltungsfähig ist, kommt es aber nicht mehr an, wenn er durch Änderung und nicht durch Teilaufhebung entstanden ist. Das Verwaltungsgericht darf eine Bauerlaubnis nämlich nicht abändern. Die Teilbarkeit eines Verwaltungsakts als Voraussetzung seiner Teilaufhebung muß deshalb anders bestimmt werden: Die Teilbarkeit setzt voraus, daß der Verwaltungsaktrest seine Qualität beibehält, wenn er ohne den aufgehobenen Teil weiterexistiert. Der Rest darf, in der Terminologie des § 93 BGB gesprochen, nicht „wesentlicher Bestandteil" sein. Wird nämlich von einem solchen ein anderer Bestandteil abgetrennt, so wird der wesentliche Bestandteil „zerstört oder in seinem Wesen verändert". Beides darf auf den aufrechtzuerhaltenden Teilverwaltungsakt nicht zutreffen; er muß nach Abtrennung des rechtswidrigen Teils seine Existenzfähigkeit und seine bisherige Qualität behalten.

II. Fallgruppen teilbarer Verwaltungsakte

Unter Verzicht auf eine einheitliche Teilbarkeitsdefinition muß die Teilbarkeit nach der Art des jeweiligen Verwaltungsaktes differenziert beurteilt werden. Teilbar sind ein Verwaltungsakt, in dem mehrere selbständige Verwaltungsakte zusammengefaßt sind, ferner ein Verwaltungsakt, der auf eine teilbare Sachleistung[57] gerichtet ist, und ein begünstigender Verwaltungsakt, der eine Auflage

---

[56] Urteil v. 2. 3. 1973 — IV. C. 35.70 BauR 4. Jg. (1973), 238 (239).
[57] Vgl. § 48 Abs. 2 S. 1 VwVfG.

enthält[58]. Auf der Grundlage dieser differenzierenden Einteilung soll hier die Teilbarkeit eines Verwaltungsakts erörtert werden, der ein Preisverbot zum Gegenstand hat. Aktuell ist diese Frage im Kartellrecht, wo nach herrschender Auffassung[1] die Kartellbehörde gemäß § 22 Abs. 4 und Abs. 5 GWB auch eine mißbräuchliche Preisgestaltung untersagen kann[59]. Unter der Geltung der Preisstop-VO vom 26. 11. 1936[60] hatten die Verwaltungsgerichte über die Teilaufhebung einer Preisgenehmigung zu entscheiden[61]. Bei Teilaufhebung eines Preisverbots müßte also das Verbot, den höher festgesetzten Preis (x + y) zu überschreiten, Teil des Verbots sein, den niedrigeren Preis (x) zu überschreiten; bei Teilaufhebung einer Preisgenehmigung müßte die rechtmäßige Erlaubnis des Preises (x) Teil der rechtswidrigen Erlaubnis des Preises (x + y) sein.

1. Teilbarkeit bei Zusammenfassung mehrerer Verwaltungsakte

Teilbarkeit eines Verwaltungsakts und damit die Möglichkeit einer Teilaufhebung ist gegeben, wenn in der äußeren Form eines einzigen Verwaltungsakts mehrere Verwaltungsakte zusammengefaßt sind[62]. So kann die Verwaltung gegenüber einem Adressaten eine Mehrheit von Regelungen zusammenfassen, durch die mehrere Fälle geregelt werden[63]. Ein Vergleich mit der sogenannten objektiven Klagenhäufung nach § 260 ZPO zeigt, daß dort gemäß § 301 Abs. 1, 1. Alt. ZPO statt eines Gesamturteils ein Teilurteil zulässig ist, weil eine Mehrheit von Streitgegenständen vorliegt. Ebenso wie die in einer Klage gehäuften Streitgegenstände voneinander getrennt werden können, so ist auch der aus mehreren Regelungen bestehende Verwaltungsakt teilbar[64].

---

[58] Nachweise zu den einzelnen Fallgruppen unten 1., 2., 3.; auch die in Fn. 46 genannten Autoren erwähnen z. T. diese Arten von Verwaltungsakten als Beispiele. Die sogenannte „modifizierende Auflage" ist keine Auflage und der modifizierte Verwaltungsakt ist nicht in den ursprünglichen Verwaltungsakt und die Modifikation teilbar, s. unten Zweiter Teil A. II. 3.

[59] Während Geltung der Preisstopverordnungen vom 26. 11. 1936 (RGBl I S. 955) hatten die Verwaltungsgerichte über die Teilaufhebung einer Preisgenehmigung zu entscheiden; vgl. BVerwG DÖV 1956, 505; Bay.VwGH BayVBl 1959, 195 mit Anm. *Linder; Fischötter / Lübbert* BB 1977, 112 (115 in Fn. 26).

[60] RGBl I S. 955.

[61] BVerwG DÖV 1956, 505; Bay.VwGH BayVBl 1959, 195 mit Anm. *Linder.*

[62] *Klinger* VwGO § 113 B II; *Redeker / von Oertzen* § 113 Rdnr. 2; *Erichsen / Martens* Allg.VerwR S. 173; *Menger,* System S. 173 m.w.N.; *Ress* S. 172 Fn. 278 mit Hinweisen auf die Rechtsprechung in Österreich; *Hinderling* S. 36 mit Hinweisen auf die Rechtsprechung in der Schweiz.

[63] z. B. Polizeiverfügung mit verschiedenen, voneinander unabhängigen Befehlen.

[64] Teilbarkeit eines einzigen Verwaltungsakts, in dem mehrere Verwaltungsakte zusammengefaßt sind, liegt ebenfalls vor, wenn Regelungen glei-

Eine kartellrechtliche Untersagungsverfügung nach § 22 Abs. 5 GWB ist dann teilbar, wenn sie die Preisgestaltung eines Unternehmens hinsichtlich mehrerer Produkte betrifft. Teilbarkeit ist aber nicht gegeben, wenn einem Adressaten die mißbräuchliche Preisgestaltung hinsichtlich eines einzigen Produkts untersagt wird; es handelt sich nicht um die Zusammenfassung mehrerer selbständiger Verwaltungsakte in der äußeren Form eines einheitlichen Verwaltungsakts.

2. Teilbarkeit eines auf eine teilbare Leistung gerichteten Verwaltungsaktes

Ein Verwaltungsakt ist auch teilbar, wenn er eine Geldleistung oder teilbare Sachleistung[65] regelt[66]. Diese Art von Teilbarkeit wird nach dem Inhalt des Verwaltungsaktes bestimmt. Gleichermaßen beurteilt die zivilrechtliche Lehre die Teilbarkeit eines Rechtsgeschäfts nach dessen Inhalt. Sie unterscheidet zwischen subjektiver, objektiver und quantitativer Teilbarkeit[67].

Subjektive Teilbarkeit ist gegeben, wenn auf der einen oder anderen Seite eine Mehrzahl von Kontrahenten steht und das Rechtsgeschäft nur gegenüber einem der Beteiligten nichtig ist. Objektive Teilbarkeit liegt vor, wenn einzelne Klauseln eines einheitlichen Vertrages abtrennbar sind. Die quantitative Teilbarkeit betrifft die rechtsgeschäftliche Leistung[68]. Windscheid[69] formulierte: „Je nachdem die Leistung theilbar oder untheilbar ist, ist es auch das auf die Leistung gerichtete Forderungsrecht." Danach bestimmt sich auch die Teilbarkeit eines auf eine Sachleistung gerichteten Verwaltungsakts.

Eine durch Rechtsgeschäft oder Verwaltungsakt bestimmte Leistung ist teilbar, wenn sie mengen- oder größenmäßig, bei Dauerleistungen auch der Zeitdauer nach, in Teile zerlegt werden kann[70]. Jedoch stellt

chen Inhalts gegenüber mehreren Adressaten getroffen werden (Fn. 62). Diese Teilbarkeit eines Verwaltungsakts entspricht der Zulässigkeit eines Teilurteils, wenn gemäß §§ 59, 60 ZPO mehrere Personen gemeinschaftlich klagen oder verklagt werden: die Personen stehen in (einfacher) Streitgenossenschaft (vgl. die amtliche Überschrift 1. Buch, 2. Abschn., 2. Titel der ZPO; man spricht auch von subjektiver Klagenhäufung). Teilurteil nur gegenüber einem Streitgenossen ist möglich (BGH NJW 1962, 1722; *Rosenberg / Schwab* § 58 II S. 293); anders bei notwendiger Streitgenossenschaft gemäß § 62 ZPO.

[65] Vgl. § 48 Abs. 2 S. 1 VwVfG.

[66] *Stelkens / Bonk / Leonhardt* VwVfG § 43 Rdnr. 19; ausführlich *Söhn* VerwA 60 (1969), 64 ff.

[67] *Pierer von Esch* S. 53 ff.; *Dietmar Scholz*, Die Anwendung des § 139 BGB im Arbeitsvertragsrecht, Diss. Göttingen 1965, S. 45 f.; *Lappe*, Teilnichtigkeit S. 14 ff.; *Lang*, Teilweise Nichtigkeit S. 18 ff.

[68] Vgl. *Pierer von Esch* S. 56 ff.; *Larenz* AT § 23 II b) S. 404 f.

[69] *Windscheid / Kipp* § 253 bei Fn. 9 a.

[70] Für das Rechtsgeschäft RGZ 82, 124; RGZ 114, 35 (39); *Pierer von Esch* S. 56 ff.; *Larenz* AT § 23 II b) S. 404 f.

nicht jede Reduzierung einer Menge, Größe oder Zeitdauer eine Teilung dar. Dies zeigt die Rechtsprechung zu Pacht- und Bierlieferungsverträgen[71] und zur Aufrechterhaltung von Rechtsgeschäften, die gegen einen gesetzlich angeordneten Höchstpreis verstoßen[72]. Auch beruht die gerichtliche Reduzierung eines behördlichen Preisverbots durch Heraufsetzung des Höchstpreises nicht auf einer Teilung des Verwaltungsakts[73].

a) Die Rechtsprechung zu Pacht- und Bierlieferungsverträgen

Ein Bierbezugsvertrag, der auf mehr als 20 Jahre abgeschlossen ist, kann wegen zu langer Bindungsdauer gegen die guten Sitten verstoßen. Bei einem solchen Dauerschuldverhältnis kommt Teilbarkeit und damit teilweise Aufrechterhaltung gemäß § 139 BGB in Betracht, wenn die vereinbarten Leistungen der Zeitdauer nach in Teile zerlegt werden können. So hat der Bundesgerichtshof[74] den Bierbezugsvertrag nur insoweit wegen Sittenwidrigkeit nach § 138 BGB als nichtig angesehen, als eine Bindung über 20 Jahre hinaus vereinbart war; mit dieser zeitlichen Verkürzung wurde der Vertrag aufrechterhalten. Anders hatte das Reichsgericht[75] entschieden: „Das vermeintlich Geringere ist vom Standpunkt der Parteien aus, der allein entscheidet, nicht etwas Geringeres, sondern etwas anderes .... Eine solche Befugnis, die im Falle der Nichtigkeit eines Vertrages zu einem richterlichen Ermäßigungsrecht des Richters führt, kennt der § 139 BGB nicht."

Später gab das Reichsgericht seine Auffassung auf, daß ein sittenwidriger Vertrag wegen inhaltlicher Änderung nicht aufrechterhaltungsfähig sei[76]. Daß dieser Wechsel in der Beurteilung von Dauerschuldverhältnissen zu Unrecht erfolgte, zeigt die Tatsache, daß das Reichsgericht weiterhin die (Pacht)Dauer als Eigenschaft des Vertrages[77] bezeichnete. *Eine Eigenschaft ist aber nur änderbar und nicht teilbar.* Die Reduzierung der Vertragsdauer war also eine Veränderung und keine Teilung des Vertrages[78]. Dafür, daß im Verwaltungsrecht

---

71 Unten a).

72 Unten b).

73 Unten c).

74 NJW 1972, 1459. Eine solche Aufrechterhaltung des Vertrages praktizierten auch RGZ 82, 124 (125) und RGZ 114, 35 (39); vgl. die Darstellung bei *Pierer von Esch* S. 56 ff.

75 RGZ 76, 78 (80); gleichfalls stehen im Gegensatz zu der in Fn. 74 zitierten Rechtsprechung *Soergel / Hefermehl* § 139 Rdnr. 15; *Flume*, Das Rechtsgeschäft § 32, 2. d und § 18, 9.; offengelassen wird die Frage des den Vertrag verändernden richterlichen Ermäßigungsrechts in BGH LM Nr. 8 und Nr. 14 zu § 139 BGB.

76 Vgl. die Nachweise in Fn. 74.

77 RGZ 82, 124.

jede zeitliche Reduzierung der Wirksamkeit eines Verwaltungsakts als inhaltliche Veränderung angesehen wird, spricht eine Bemerkung von Wolff / Bachof[79]: „Die nachträgliche Hinzufügung einer Befristung ... kommt einer Beseitigung des Verwaltungsaktes und dem Erlaß eines neuen befristeten ... Verwaltungsaktes gleich." Hier kommt es nur darauf an zu zeigen, daß bei Rechtsgeschäften und Verwaltungsakten eine zeitliche Reduzierung in den Rechtsfolgen nicht auf Teilbarkeit und Teilung beruhen muß[80].

b) Die Rechtsprechung zur Höchstpreisgesetzgebung

Um bei Bierlieferungsverträgen die zeitliche Reduzierung einer Leistung zu begründen, wurde auf die reichsgerichtliche Rechtsprechung zur Höchstpreisgesetzgebung verwiesen[81]. Fraglich ist, ob sich diese Rechtsprechung auf die mengen- oder größenmäßige Teilbarkeit einer Leistung stützte, oder ob dort nicht auf andere Weise eine Leistung umfangmäßig reduziert wurde. Rechtsgeschäfte des täglichen Lebens sollten trotz Verstoßes gegen eine Höchstpreisvorschrift nicht gemäß § 134 BGB total nichtig sein. Diese Rechtsprechung basierte allein auf dem Vorbehalt in § 134 BGB: „wenn sich nicht aus dem Gesetz ein anderes ergibt"[82]: Sinn und Zweck der Höchstpreisgesetzgebung sei, der Bevölkerung benötigte Waren zu erträglichen Preisen zu verschaffen. Deshalb entspreche dem Zweck des Gesetzes nicht, den Austauschvertrag für ungültig zu erklären, sondern auf den zulässigen Preis zu konvertieren. Zur Abgrenzung der Konversionsfälle von den Nichtigkeitsfällen herrschte in Literatur und Rechtsprechung Uneinigkeit[83].

---

[78] Der Widerspruch, daß das Reichsgericht richtigerweise die Vertragsdauer als Eigenschaft des Vertrages bezeichnete, aber dennoch Teilbarkeit annahm, erklärt sich aus dem vom Reichsgericht jeweils als wesentlich erachteten Willen der Parteien (vgl. noch RG JW 1910, 62). Subjektive und objektive Gesichtspunkte wurden nicht getrennt. Bei der Frage nach der Teilbarkeit sind jedoch die Vorstellungen der Parteien unerheblich. Die Teilbarkeit bestimmt sich nur nach objektiven Grundsätzen (RGZ 146, 234 [236]; *Pierer von Esch* S. 54). Entsprechend kommt es bei § 139 BGB nicht darauf an, ob der Richter oder die Parteien eine Ermäßigung der Leistung wollen, sondern ob diese Ermäßigung objektiv eine Teilung darstellt.

[79] VerwR I § 49 II. d).

[80] Es kann keine abschließende Erörterung zur Aufrechterhaltung sittenwidriger Dauerschuldverhältnisse vorgenommen werden.

[81] *Nipperdey* in Anm. zu RG JW 1927, 119. Zur Höchstpreisgesetzgebung umfangreiche Nachweise bei *Bettermann*, Kommentar zum Mieterschutzgesetz und seinen Nebengesetzen Band I, Tübingen 1950, § 1 Anm. 53; *Staudinger / Coing* § 134 Rdnr. 21 a.

[82] Damit ist nicht nur das Verbotsgesetz selbst gemeint, sondern eine solche Ausnahme kann auch in einem anderen Gesetz angeordnet sein (*Bettermann*, Grundfragen des Preisrechts für Mieten und Pachten § 9 IV. 2. S. 25 ff.). Auch braucht die Ausnahme nicht ausdrücklich normiert zu sein; sie kann sich aus dem Sinn und Zweck des Verbotsgesetzes ergeben (*Bettermann* ebd.).

Anerkannt war aber, daß die Ersetzung des zu hoch bemessenen durch
den angemessenen Preis nur auf § 134 BGB gestützt werden konnte.
Die Aufrechterhaltung des Vertrages zu dem angemessenen Preis wurde
nicht mit dessen Teilbarkeit und nicht mit § 134 BGB[84] begründet. Zwar
war nur die Preisvereinbarung rechtswidrig und nichtig, und nur,
soweit sie den Höchstpreis überschritt. Auch war die Preisvereinbarung
auf eine quantitativ teilbare Leistung, die Geldzahlung, gerichtet, so
daß eine Teilung dieses teilbaren Rechtsgeschäfts nicht ausgeschlossen
gewesen wäre. Durch quantitative Teilung allein der Preisvereinbarung
wäre aber der gegenseitige Vertrag nicht geteilt, sondern verändert
worden. Ein synallagmatischer Vertrag verändert sich nämlich, wenn
nur eine der beiderseitigen Verpflichtungen reduziert wird. Die nichtige Preisvereinbarung konnte also bei im übrigen gleichbleibendem
Vertragsinhalt nicht durch Teilung aufrechterhalten werden. Das BGB
kennt kein derartiges allgemeines Ermäßigungsrecht des Richters[85].
Ein Teil desselben synallagmatischen Rechtsgeschäfts und nicht ein
anderes entsteht nur, wenn bei Teilung der Gegenleistung, des zu hoch
bemessenen Entgelts, als Folge des Synallagmas auch die Leistung
geteilt wird[86]. Damit bliebe aber das mißbilligte Verhältnis von Leistung und Gegenleistung bestehen, so daß auch der verbleibende quantitative Teil des Rechtsgeschäfts gegen das Preisverbot verstoßen würde,
wie vorher das ganze Rechtsgeschäft. Ein Vertrag, der gegen ein
Preisverbot verstößt, kann nicht durch Teilung, sondern nur durch
Veränderung aufrechterhalten werden. Die Rechtsprechung zur Höchstpreisgesetzgebung konnte sich also nicht auf die Aufrechterhaltung
eines teilbaren Rechtsgeschäfts gemäß § 139 BGB stützen, sondern nur
auf § 134 BGB. Zur Rechtfertigung einer quantitativen Teilbarkeit besagt sie entweder nichts oder nur Gegenteiliges.

---

[83] Übersicht bei *Bettermann* ebd. S. 25 ff. und *Staudinger / Coing* § 134
Rdnr. 21 a.

[84] Zu §§ 139, 140 BGB *Oertmann* JW 1917, 255 ff.; zur Konversion ausführ-
licher *Bettermann* ebd. S. 25 ff.

[85] Anderer Auffassung *Oertmann* JW 1917, 255 (257), der zugunsten der
reichsgerichtlichen Rechtsprechung anführt, daß das BGB einen Fall eines
richterlichen Ermäßigungsrechts in § 655 BGB kennt; für eine einseitige Verpflichtung vgl. auch § 343 BGB.
§ 655 BGB läßt jedoch nicht den Schluß auf ein allgemeines richterliches
Ermäßigungsrecht zu. Eine solche richterliche Befugnis für alle Maklerver-
träge wurde vom Reichstag abgelehnt, *Staudinger / Riedel* § 655 Rdnr. 1. Die
Nichtigkeit eines Vertrages, insbesondere wegen Wuchers, wird von § 655
BGB nicht berührt, *Soergel / Mormann* § 655 Rdnr. 2; *Erman / Werner* § 655
Rdnr. 3; *Staudinger / Riedel* § 655 Rdnr. 7. Heute ist § 655 BGB kaum von
Bedeutung wegen des Vermittlungsmonopols der Bundesanstalt für Arbeit
und Arbeitslosenversicherung gem. § 35 AVAVG.

[86] Vgl. *Lang*, Teilweise Nichtigkeit S. 27 f.; anderer Auffassung *Lappe*,
Teilnichtigkeit S. 32.

c) Teilbarkeit eines Preisverbots

Beispiel: Dem, der für sein Produkt bisher 60 DM gefordert, vereinbart und erhalten hat, wird durch Verwaltungsakt verboten, mehr als 20 DM zu fordern, zu vereinbaren und anzunehmen; dieses Verbot ergeht in Gestalt einer Höchstpreisfestsetzung. Falls der gesetzlich zulässige Höchstpreis 50 DM beträgt: Kann das Verwaltungsgericht auf Anfechtungsklage im Wege der Teilaufhebung den Verwaltungsakt insoweit aufheben, als der Preisbereich zwischen 20 DM und 50 DM betroffen ist?

Überträgt man die Voraussetzungen der quantitativen Teilbarkeit eines Rechtsgeschäfts auf die quantitative Teilbarkeit eines Verwaltungsakts, so ergibt sich folgender Vergleich: Wie die quantitative Teilbarkeit eines Rechtsgeschäfts bei entsprechender Teilbarkeit der rechtsgeschäftlichen Leistung vorliegt[87], so ist der Verwaltungsakt teilbar, wenn das durch den Verwaltungsakt bestimmte Verhalten des Adressaten teilbar ist. Dabei kommt es auf das Verhalten des Leistungsschuldners gegenüber dem Gläubiger und des Verwaltungsaktadressaten gegenüber der Verwaltung an:

Für das obige Beispiel beantwortet sich die Frage nach der Teilbarkeit des Preisverbots unter Berücksichtigung des dort bestehenden Drei-Personenverhältnisses: Behörde, Preisgläubiger (gleich Verwaltungsadressat) und Preisschuldner dahin: Ein Verbot der Höchstpreisüberschreitung erscheint in zweifacher Hinsicht als quantitativ teilbar: Als Verwaltungsakt mit Dauerwirkung[88] kommt grundsätzlich eine zeitliche Teilung in Betracht; in obigem Beispiel war der angefochtene Verwaltungsakt jedoch nicht wegen übermäßiger Dauer des Verbots rechtswidrig. Eine quantitativ teilbare Leistung ist außerdem die Zahlung des Preisschuldners an den Verbotsadressaten (Preisgläubiger). Deshalb ist die Preisvereinbarung zwischen Preisschuldner und Preisgläubiger teilbar, weil die geforderte und vereinbarte Leistung, die Preiszahlung, teilbar ist. Daraus ließe sich weiter die Teilbarkeit des Verwaltungsaktes ableiten, wenn dieser auf die teilbare Preisvereinbarung gerichtet ist.

aa) Zweifel, ob der Verwaltungsakt auf die teilbare Preisvereinbarung bzw. die Forderung oder Annahme des teilbaren Preises gerichtet ist, ergeben sich aus dem Charakter des Preisverbots als untersagender Verwaltungsakt. Das Höchstpreisverbot ist nicht auf positives

---

[87] Vgl. oben bei Fn. 69.

[88] Vgl. *Erichsen / Martens* Allg. VerwR § 18 II.: Verwaltungsakte mit Dauerwirkung bringen ein „auf Dauer angelegtes Rechtsverhältnis zur Entstehung". — Dazu gehört auch ein behördliches Preisverbot, das nicht nur für eine einmalige Leistung eine Preisforderung, Preisvereinbarung oder Entgeltannahme untersagt.

Tun, die Forderung, Vereinbarung oder Annahme eines Preises gerichtet, sondern auf eine Unterlassung[89], nämlich den Höchstpreis zu überschreiten[90]. Deren Teilbarkeit kann nicht aus der Teilbarkeit des entsprechenden positiven Handelns gefolgert werden.

Daß eine Höchstpreisfestsetzung als Leistung des Verbotsadressaten kein (teilbares) positives Tun, sondern eine Unterlassung fordert, ergibt sich aus der Ermächtigungsgrundlage[91], für das Kartellrecht aus dem Wortlaut des § 22 Abs. 5 S. 1 GWB: Die Kartellbehörde kann ... ein mißbräuchliches Verhalten „untersagen"; sie kann kein bestimmtes rechtmäßiges Verhalten gebieten. Daran hält auch der Bundesgerichtshof[90], der eine Preissenkungsverfügung ohne Rücksicht auf deren wörtliche Formulierung für zulässig erklärt, fest: Selbst wenn die Kartellbehörde eine Preissenkung gebietet, wird damit im Ergebnis dem Betroffenen lediglich untersagt, höhere Preise als die angegebenen Höchstpreise zu verlangen. Der betroffenen Partei ist „dadurch nicht ein bestimmtes künftiges Marktverhalten positiv vorgeschrieben worden"[92]. Vielmehr ist außer der bisherigen konkreten Preisgestaltung noch ein „bestimmter weiterer Preisrahmen als mißbräuchlich untersagt" worden[92]. Auf das positive Verhalten des Verbotsadressaten gegenüber seinen Kunden ist der Verwaltungsakt nicht ausgerichtet, was auch darin zum Ausdruck kommt, daß kein Verkaufszwang zu einem bestimmten Preis angeordnet wird. Das Preisverbot beeinflußt nur indirekt den tatsächlich vereinbarten Preis; es ist nur auf Leistung durch Unterlassen ausgerichtet.

bb) Nach dieser eigentlich selbstverständlichen Erkenntnis, daß ein Verbot auf ein Unterlassen abzielt, stellt sich die Frage, ob die Unterlassung teilbar ist, so daß auch die darauf gerichtete Forderung, das Verbot, teilbar ist. Teilweises Unterlassen bedeutet teilweises positives Tun, also etwas anderes und nicht nur ein weniger. Entsprechend kann die „Teilung" eines Verbots nur in der Weise stattfinden, daß die verbotene Handlung zum Teil erlaubt wird[93]. Hinsichtlich desselben Rege-

---

[89] Gemäß § 241 S. 2 BGB kann eine Leistung auch in einem Unterlassen bestehen, und hier ist die durch den Verwaltungsakt dem Adressaten auferlegte Leistung eine Unterlassung.

[90] BGH NJW 1976, 2259 f. (Vitamin B 12); BGH NJW 1977, 675 (Valium); vgl. *Langen / Niederleithinger / Schmidt* GWB § 22 Rdnr. 58.

[91] Vgl. § 1 Preisstopp-VO vom 26. 11. 1936: „§ 1 Abs. 1: Preiserhöhungen ... sind verboten. § 2: Es ist verboten, Handlungen vorzunehmen, durch die mittelbar oder unmittelbar die Vorschriften des § 1 umgangen werden oder umgangen werden sollen."

[92] BGH NJW 1976, 2259 (2260) (Vitamin B 12).

[93] *Gustav Rümelin*, Die Theilung der Rechte, Freiburg i. B. Tübingen 1883, S. 207 in bezug auf die Teilung der Leistung bei mehreren Schuldnern (subjektive Teilbarkeit).

lungsbereichs — und auf diesen kommt es an — sind Verbot und Erlaubnis etwas anderes als ein reines Verbot.

Gleiches ist gerade auch für die Höchstpreisfestsetzung anerkannt, woraus sich deren Unteilbarkeit ergibt: „Wenn die Preisbehörden Höchstpreise[94] festsetzen, so verbieten sie die Vereinbarung, Zahlung und Annahme eines höheren als des festgelegten Entgelts und erlauben zugleich, ein Entgelt bis zu der festgesetzten Höhe zu vereinbaren, zu zahlen und anzunehmen[95].“ Wird also die Höchstpreisfestsetzung zu einem Teil aufgehoben, in unserem Beispiel der Preisrahmen zwischen 20 DM und 50 DM, so tritt insoweit an die Stelle des Verbots eine Erlaubnis, also etwas anderes. Somit ist bei einer Höchstpreisfestsetzung durch eine sogenannte Teilaufhebung nur eine Vergrößerung des Erlaubten zu Lasten des Verbotenen möglich. Der „quantitative Teil" des ursprünglichen Verwaltungsakts regelt nicht einen kleineren Preisrahmen als den ursprünglich verbotenen, sondern er regelt denselben, aber anders. Eine inhaltliche Veränderung des verbleibenden Teils ist aber nur im Wege einer Umdeutung gemäß § 47 VwVfG möglich[96]. Eine Höchstpreisfestsetzung ist deshalb nur in zeitlicher und räumlicher Hinsicht teilbar, nicht aber gegenständlich. Lediglich die Belastung des Betroffenen, der einen höheren Preis für sein Produkt wählen darf, verringert sich im Ergebnis durch diese nur sogenannte Teilaufhebung.

3. Teilbarkeit eines Verwaltungsakts mit Nebenbestimmung

In früherer Rechtsprechung teilte das Bundesverwaltungsgericht[97] die Nebenbestimmungen in zwei Gruppen ein: Bei Auflagen hielt es die isolierte Anfechtung und Aufhebung für möglich, während Bedingungen, Befristungen und Widerrufsvorbehalte nicht selbständig anfechtbar sein sollten. Im Anschluß an Weyreuther[98] hat das Bundesverwaltungsgericht[99] innerhalb der Auflagen weiter differenziert: Eine

---

[94] Zu anderen Arten der Preisfestsetzung Bettermann, Grundfragen des Preisrechts für Mieten und Pachten § 6 I. S. 12 f.

[95] Bettermann, MDR 1951, 528 (529); BVerwG MDR 1954, 699; vgl. auch BVerwGE 1, 87; Enneccerus / Nipperdey AT § 190 S. 1156 Fn. 14: Höchstpreis ist der Preis, der nicht überschritten, wohl aber unterschritten werden darf.

[96] Entsprechend für das Zivilrecht: Erman / Westermann § 139 Rdnr. 4 u. Rdnr. 12.

[97] BVerwGE 29, 261 (265).

[98] DVBl 1969, 232 ff. und 295 ff.

[99] BVerwGE 36, 145 (153 f.); 41, 178 (181); BVerwG DÖV 1974, 380 (381); 1974, 563 (564); 1976, 391 (392); ähnlich Bay. VwGH BayVBl 1973, 583 (584), Eyermann / Fröhler Anh. § 42 Rdnr. 14 und Rdnr. 24; weitere Literaturnachweise bei Lange AöR 102 (1977), 338 ff.
Zur „rechtlichen Existenz" modifizierender Auflagen s. Ehlers, Verwaltungsrechtsdogmatik und modifizierende Auflage, VerwA 67 (1976), 369 ff.

„modifizierende Auflage", die eine qualitative Änderung einer Gewährung bewirke, könne nicht isoliert angefochten und aufgehoben werden. Die Möglichkeit der selbständigen Anfechtung und Aufhebung bestehe nur, wenn die Hinzufügung oder Aufhebung der Nebenbestimmung den Verwaltungsakt inhaltlich nicht verändere. Wörtlich heißt es dazu[100]: „Das Urteil des Berufungsgerichts ist nicht mit § 113 Abs. 1 S. 1 VwGO vereinbar .... Die danach grundsätzlich mögliche Teilaufhebung eines Verwaltungsakts ist ... nur zulässig, wenn abtrennbare, selbständige Teile des Verwaltungsakts rechtswidrig sind und nach Aufhebung dieser selbständigen Teile der Verwaltungsakt ohne Änderung seines übrigen Inhalts bestehen bleibt .... Steht die Nebenbestimmung eines Verwaltungsakts mit dem Gesamtinhalt des Verwaltungsakts in einem untrennbaren Zusammenhang, schränkt sie insbesondere eine mit dem Verwaltungsakt ausgesprochene Rechtsgewährung inhaltlich ein, so scheidet die isolierte Anfechtung und Aufhebung der Nebenbestimmung aus. Handelt es sich um eine vorhabenbezogene Auflage, die die eigentliche Genehmigung qualitativ verändert, also modifiziert, so ist sie einer gesonderten verwaltungsgerichtlichen Anfechtung und Aufhebung entzogen; anderenfalls würde der Sache nach die ursprüngliche Gewährung durch eine Gewährung anderer ... Art ersetzt. Dieser Erfolg widerspricht aber dem Wesen und Sinn der Anfechtungsklage. Da in solchen Fällen mit der Aufhebung der Auflage in Wirklichkeit eine andere als die unter gegenständlichen Einschränkungen erteilte Genehmigung erstrebt wird, bietet sich allein die Verpflichtungsklage als geeignete Klageart an ..." Mangels näherer Ausführungen zum „Wesen und Sinn der Anfechtungsklage" liegt die Vermutung nahe, daß das Bundesverwaltungsgericht die kassatorische Funktion der Anfechtungsklage im Auge hat[101]. Deshalb sind seine Ausführungen darüber, wann eine Auflage selbständig anfechtbar und aufhebbar ist, allgemein für die Teilanfechtung und Teilaufhebung von Bedeutung.

Die gleiche Frage der wesensmäßigen Verschiedenheit von Verwaltungsakten stellt sich nicht nur bei der teilweisen Aufhebung. Während es dort um das Verhältnis des Gerichts zur Behörde geht, deren Verwaltungsakt nicht abgeändert werden darf, kommt es im Verhältnis des Bürgers zur Behörde darauf an, ob einem beantragten (begünstigenden) Verwaltungsakt der tatsächlich erteilte Verwaltungsakt wesensmäßig gleichartig ist, wenn die Behörde eine „modifizierende Nebenbestimmung" beigefügt hat. Ist die Genehmigung mit der „Auflage" gegenüber der beantragten Genehmigung ein aliud, so ist die

---

100 BVerwG DÖV 1974, 380 (381).

101 So *Erichsen*, VerwA 66 (1975), S. 299 (301), der die Entscheidung zu der Aussage kritisiert, ob die Klage unzulässig oder unbegründet ist.

Erteilung der beantragten Genehmigung abgelehnt worden; die erteilte Genehmigung aber ist nicht beantragt worden[102]. Die Theorie von der „modifizierenden Auflage" kann also nicht nur bei der Aufhebung, sondern auch bei der Hinzufügung eines Verwaltungsaktteiles dafür herangezogen werden, ob der andere Teil in seinem Wesen verändert wird oder nicht[103].

a) Eine schärfere Abgrenzung als die Aussage, daß die Nebenbestimmung, um selbständig anfechtbar und aufhebbar zu sein, den Verwaltungsakt nicht qualitativ verändern darf, hat *Weyreuther*[98] in einer Abhandlung[104] entworfen. Er untersucht Genehmigungen (begünstigende Verwaltungsakte), denen belastende Nebenbestimmungen beigegeben sind. Er fragt nach dem Muster der Entscheidung auf den Genehmigungsantrag, das bei selbständig anfechtenden Auflagen „Ja, aber" lautet — bei nicht selbständig anfechtbaren, sogenannten modifizierenden Auflagen „Nein, aber". Eine Auflage nach dem Muster eines „Ja, aber" liegt vor, wenn der Genehmigung eine Auflage mit einem Inhalt hinzutritt, der das genehmigte Vorhaben selbst nicht angeht (Beispiel: Baugenehmigung und Abtretung von Straßenland). Um eine „modifizierende Auflade" nach dem Muster eines „Nein, aber" handelt es sich, wenn der Antragsteller um die Genehmigung für ein Wohnhaus mit Giebeldach nachsucht, die Genehmigung aber erteilt wird mit der „Auflage", ein Flachdach zu bauen. In der erteilten Genehmigung fehlt der die beantragte Dachbauweise bejahende Teil. Die beantragte Genehmigung ist abgelehnt worden, erlaubt wird etwas anderes. Die „Einschränkung", daß ein Flachdach zu bauen ist, verändert die beantragte Genehmigung qualitativ, deshalb ist sie nicht selbständig anfechtbar. Anderenfalls würde die erteilte Genehmigung, deren Gehalt sich auf ein „Nein, aber" zurückführen läßt, durch Aufhebung der „Auflage", des „aber", nicht zu einem um die Einschränkung entlasteten schlichten „Nein", sondern sie würde zu einem „Ja" sinnverkehrt.

b) *Wolff / Bachof*[105] haben die Bezeichnung „modifizierende Auflage", die besagt, daß eine beantragte Begünstigung anders als beantragt gewährt wird, als falsch kritisiert. Sie sei entweder eine „teilweise Ablehnung", wenn z. B. eine niedrigere als die beantragte Rente gewährt

---

[102] Im Kartellrecht stellt sich dieses Problem, wenn der Bundesminister für Wirtschaft gemäß § 24 Abs. 3 Satz 1 GWB „auf Antrag die Erlaubnis zu dem Zusammenschluß" erteilt und diese gemäße Satz 3 „mit Beschränkungen und Auflagen" verbindet.
[103] Dies beurteilt sich, ebenso wie die Teilbarkeit eines Rechtsgeschäfts, nur nach objektiven Kriterien, vgl. oben Fn. 78.
[104] Auf diese verweist das BVerwG in DÖV 1974, 380 (381).
[105] VerwR I § 49 I f).

wird[106], oder sie sei eine „Ablehnung, verbunden mit dem Angebot und
der Vorweggewährung einer (so) nicht beantragten Begünstigung"[107].
Richtig ist, daß die Bezeichnung „modifizierende Auflage" nicht auf
Verwaltungsakte paßt, die auf eine quantitativ teilbare Leistung gerichtet sind, wo also ein qualitativ gleicher Bruchteil des Beantragten
gewährt wird[108]. Auch im zweiten Punkt ist die Kritik berechtigt. Inhaltlich handelt es sich nicht um eine Auflage; diese liegt allenfalls der
äußeren Form nach vor, wenn die Behörde dem Antrag stattgibt und
die Formulierung anschließt „mit der Maßgabe, daß . . .". Bei der „Gewährung mit modifizierender Auflage" handelt es sich richtigerweise
nicht um die einer Gewährung beigefügte Auflage, sondern um eine
modifizierte Gewährung[109]. Modifiziert wird das Beantragte.

Abgesehen von der Verwendung des Begriffs „Auflage" ist *Weyreuther* wie folgt zuzustimmen: Die Gewährung mit „modifizierender
Auflage" kennzeichnet er zu Recht als ein „Nein" gegenüber dem Antrag; es liegt eine Ablehnung vor. Undeutlich ist hingegen die Aussage
des „aber" in der Formel „Nein, aber". Ein „aber" schränkt ein; das
„Nein", die Ablehnung des Antrages, ist jedoch umfassend und uneingeschränkt. Richtiger als ein „aber" kennzeichnet ein „sondern so", daß
die Behörde etwas anderes gewährt. Der Verwaltungsakt, durch eine
Kurzformel gekennzeichnet, lautet deshalb besser: „Nicht so, sondern
so"[110]. Der Antragsteller erhält nicht erst die beantragte Gewährung,
von der er zugleich in dieser Form keinen Gebrauch machen darf, sondern die Rechtsgewährung hat von vornherein einen anderen als den
beantragten Inhalt. Wenn die Behörde dem Antrag mit einer Einschränkung nach dem Muster „Nicht so, sondern so" stattgibt, gilt
diese Stattgabe als Ablehnung verbunden mit einer anderen, neuen
Stattgabe. Die Situation ist vergleichbar derjenigen, die § 150 Abs. 2
BGB regelt: „Eine Annahme unter Erweiterungen, Einschränkungen
oder sonstigen[111] Änderungen gilt als Ablehnung verbunden mit einem
neuen Antrage."

---

[106] Dasselbe soll allgemein bei teilbaren Leistungen gelten.

[107] Letzteres sei allgemein der Fall bei nichtteilbaren Gewährungen; vgl.
auch *Lange* AöR 102 (1977), 337 (345).

[108] *Wolff / Bachof* ebd. § 49 I. f) sagen nicht, gegen wen sich diese Kritik
richtet und wer eine (quantitativ) teilweise Ablehnung (Beispiel bei Fn. 106)
als Gewährung mit „modifizierender Auflage" bezeichnet.

[109] Entgegen *Lange* AöR 102 (1977), 337 (344) unterscheidet *Weyreuther*
DVBl 1969, 295 (297) nicht zwischen „modifizierender Auflage" und „modifizierender Gewährung", sondern zwischen Gewährung unter (echter) Auflage
und teilweiser Gewährung; auf diesen Unterschied kommt es hier nicht an.

[110] Das zweite „so" hat die Bedeutung „anders".

[111] Die Genehmigung fünf- statt viergeschossiger Bebauung und umgekehrt ist also als Erweiterung oder Einschränkung nur ein Unterfall der
Änderung.

Die Entscheidungen der Behörde auf den Antrag, eine Begünstigung zu erteilen, können also folgendermaßen gekennzeichnet werden: die modifizierte Gewährung als „Nicht so, sondern so" — die Gewährung mit (echter) Auflage als „Ja so, und außerdem dieses" — die Gewährung eines quantitativen Teils als „Nicht soviel, sondern nur soviel (weniger)".

Hat der Betroffene einen Anspruch auf die Begünstigung in der beantragten Art und in dem beantragten Umfang, so stehen ihm folgende Klagearten zur Verfügung: Bei der Gewährung mit (echter) Auflage die Teilanfechtungsklage, da ihm außer der Begünstigung eine Belastung auferlegt wurde — bei der modifizierten Gewährung die Verpflichtungsklage auf Erlaß der nicht modifizierten (beantragten) Gewährung; der Antrag wurde nämlich (total) abgelehnt, und darauf, daß etwas anderes gewährt wurde, kommt es nicht an — bei der Gewährung eines Teils die Verpflichtungsklage hinsichtlich des abgelehnten Teils.

c) Wie demnach die gerichtliche Heraufsetzung eines durch die Verwaltung festgesetzten Höchstpreises im Anfechtungsprozeß zu bewerten ist, ergibt sich aus den Rechtsfolgen dieser gerichtlichen Entscheidung: Indem das Gericht selbst den zulässigen Höchstpreis ermittelt und festsetzt, nimmt es der Behörde die Möglichkeit, die Beachtung eines niedrigeren Höchstpreises, z. B. des angefochtenen, von dem Kläger zu fordern. Die Behörde darf dem Anfechtungskläger nach rechtskräftigem Urteil nicht verbieten, einen niedrigeren als den gerichtlich festgesetzten Preis zu fordern, zu vereinbaren oder anzunehmen; desgleichen darf sie keinen höheren Preis erlauben. Deshalb paßt die Formel „Nicht soviel, sondern nur weniger" nicht, weil das Gericht nicht nur den verbotenen Preisrahmen reduziert, sondern auch den erlaubten Preisrahmen erweitert hat. Es hat vollen Umfangs die angefochtene durch die rechtmäßige Entscheidung ersetzt. Die Kurzformel lautet: „Nicht so, sondern so". Damit ist der gerichtlich angeordnete Höchstpreis nicht Teil des behördlich angeordneten Höchstpreises, sondern etwas anderes. Er kann nicht durch ein teilweise kassierendes, sondern nur durch ein reformierendes Urteil festgesetzt werden.

B. Aufrechterhaltung
des rechtmäßigen Teils eines Verwaltungsakts

Damit, daß die logische Teilbarkeit eines Verwaltungsakts bejaht ist, steht noch nicht fest, daß das Verwaltungsgericht von der Teilbarkeit in der Weise Gebrauch machen darf, daß es nur einen Teil aufhebt und einen Teil bestätigt. Die Teilbarkeit ist nur die erste Voraussetzung einer Teilaufhebung[112]. Die Teilung des Prüfungsgegenstandes muß nicht nur logisch möglich, sondern auch erlaubt sein. Selbst wenn der Inhalt des Verwaltungsakts eine Teilaufhebung nicht ausschließt, können andere Umstände die Totalaufhebung nicht nur zulassen, sondern sogar erzwingen. So stellt § 139 BGB eine Vermutung für die Nichtigkeit des ganzen Rechtsgeschäfts auf, auch wenn es teilbar und nur ein Teil nichtig ist. In diesen Fällen sollte man trotzdem nicht von Unteilbarkeit oder Untrennbarkeit[113] des Rechtsgeschäfts oder des Verwaltungsakts sprechen, da es nur um eine weitere Voraussetzung der Teilanfechtung oder Teilaufhebung geht. Die allein zulässige Totalaufhebung macht den teilbaren Verwaltungsakt nicht unteilbar.

Der rechtmäßige Teil eines teilbaren Verwaltungsakts *muß* aufrechterhalten werden, wenn die Verwaltungsbehörde den Restverwaltungsakt auch ohne den rechtswidrigen Teil hätte erlassen müssen[114]. Wenn nämlich der rechtmäßige Rest ein gebundener Verwaltungsakt ist, besteht keine Entscheidungsfreiheit für die Behörde, das Gericht oder den Betroffenen, über Sein oder Nichtsein des Verwaltungsaktes zu befinden. Diese Entscheidung hat der Gesetzgeber getroffen: Sie ist gleichermaßen für den Erlaß wie für die Aufrechterhaltung des Verwaltungsakts bindend; denn vollziehende Gewalt und Rechtsprechung sind an das Gesetz gebunden (Art. 20 Abs. 3 GG).

Streitig kann allein die Aufrechterhaltung eines Restverwaltungsakts sein, dessen gesonderter Erlaß im Ermessen der Verwaltung gestanden hätte[115].

I. Aufrechterhaltung gemäß der herrschenden „Willenstheorie"[116]

1. Berücksichtigung des mutmaßlichen Behördenwillens

Die Vertreter der „Willenstheorie" halten die isolierte (gerichtliche) Aufhebung eines logisch trennbaren Verwaltungsaktteiles (meistens Auflage) nur dann für zulässig, wenn die Behörde den verbleibenden

---

[112] *Skouris* S. 76.

[113] So *Lange* S. 346 ff. bei einer Begünstigung mit nichtmodifizierender Auflage.

[114] *Lange* S. 351 vor Fn. 38; *Menger*, System S. 174; *Redeker / von Oertzen* § 113 Rdnr. 2; *Eyermann / Fröhler* Anh. § 42 Rdnr. 14; *Skouris* S. 27, alle für begünstigende Verwaltungsakte; dies gilt aber auch für belastende gebundene Verwaltungsakte, z. B. Steuerbescheide.

[115] Bei Begünstigungen ist insbesondere an Dispense und Ausnahmen zu denken.

[116] OVG Hamburg VerwRspr. 12, 739 (740 f.); OVG Berlin DÖV 1964, 206 f.; VG Bremen NJW 1965, 1196 ff.; *von Mangoldt* VerwA 37 (1932), 101 (124 ff.); *Nebinger*, VerwR 2. Aufl. 1949, 212; *Fachinger*, Die Zulässigkeit verwaltungsrechtlicher Auflagen, DV 1949, 145 (147); *Hans Peters*, Lehrbuch der Ver-

Rest (die Begünstigung) auch ohne den fehlerhaften Teil gewährt hätte. Allgemein geht es um die Teilanfechtung von Verwaltungsakten, deren Erlaß oder Inhalt im Ermessen der Behörde steht. Hier soll eine teilweise Aufhebung grundsätzlich unzulässig sein; auch wenn die Rechtswidrigkeit nur Teile des Verwaltungsakts erfasse, müsse das Gericht total aufheben. Durch teilweise Aufhebung würde das Gericht in den Ermessensbereich der Verwaltung eingreifen[117]. Der Behörde dürfe kein Verwaltungsakt „aufgenötigt" werden[118], den sie in diesem Umfang und in dieser Art nicht habe erlassen wollen. Eine teilweise Kassation stelle sich als gerichtliche Ermessensausübung dar. § 114 VwGO, der dem Gericht nur die rechtliche Kontrolle des Ermessens gestatte, gelte uneingeschränkt für § 113 Abs. 1 S. 1 VwGO; auch im Rahmen der Teilaufhebung sei das Gericht nicht zur Ermessensausübung ermächtigt. Anderenfalls verletze es die seiner Tätigkeit verfassungsrechtlich gesetzten Grenzen durch einen Übergriff in die Zuständigkeit der Exekutive. Deshalb sei die Teilkassation eines Ermessensaktes nur zulässig, wenn dadurch das Gericht nicht in den Ermessensbereich der Behörde eingreife. Dazu sei ihr mutmaßlicher Wille zu erforschen, ob sie nämlich bei Kenntnis der teilweisen Rechtswidrigkeit den rechtmäßigen Teil allein erlassen hätte[119]. Bei Verwaltungsakten, deren fehlerhafter Teil inhaltlich weitergehende Rechtsfolgen als der fehlerhafte Rest regelt, könne man davon ausgehen, daß die Behörde, die das Weitergehende wollte, auch mit dem weniger Weitgehenden einverstanden sei. Ein „mehr" enthalte das „weniger". Dagegen ließen fehlerhafte Einschränkungen vermuten, daß die Behörde den Verwaltungsakt nicht unbeschränkt habe erlassen wollen[120]. Nur bei Beachtung dieser Grundsätze werde in den Ermessensbereich der Verwaltung nicht eingegriffen; daher dürfe eine Teilkassation nur unter Beachtung des mutmaßlichen Verwaltungswillens erfolgen: Hätte die Behörde den rechtmäßigen Teil des Ermessensaktes ohne den

waltung, 1949 S. 162; *Herbert Krüger*, Die Auflage als Instrument der Wirtschaftsverwaltung, DVBl 1955, 450 (456); *Bender*, Allg. VerwR S. 125; *Forsthoff*, VerwR, 1. Bd. Allg. Teil S. 250; *Klinger* VwGO, § 113 Anm. B 2; *Lange* AöR 102 (1977), 337 (347 ff.) m. w. N. in Fn. 21.

[117] Hessischer VGH vom 8. 6. 1948 DV 1949, 123 mit zustimmender Anm. *Naumann* S. 125; ebenso *van Husen*, VGG-Kommentar § 79 Anm. 4, S. 106; OVG Koblenz AS 2, 323 (332); die Darstellung bei *Eyermann / Fröhler* § 113 Rdnr. 35 ist mißverständlich, da die obigen Entscheidungen über gebundene Verwaltungsakte nichts sagen.

[118] *Forsthoff* VerwR S. 250; OVG Berlin DÖV 1964, 206 (207); vgl. *Lange* S. 348.

[119] Vgl. *Schunck / De Clerck* § 113 Anm. 2 a) bb) m. w. N.; *Menger*, System S. 174; *Klinger* § 113 Anm. B. 2. m. w. N.; *Jellinek* S. 266; w. N. bei *Erichsen* VerwA 66 (1975), 305 Fn. 31 und *W. Martens* DVBl 1965, 428 (429); zu anderen Auffassungen *W. Martens* S. 430.

[120] So für den begünstigenden Verwaltungsakt mit Nebenbestimmungen *Forsthoff* VerwR S. 250; *Lange* S. 357 bei Fn. 58.

rechtswidrigen Teil nicht erlassen, so scheide dessen isolierte Anfechtung und Aufhebung aus.

2. Berücksichtigung des § 139 BGB

Diese Auffassung, wonach zur Zulässigkeit der Teilkassation bei Ermessensakten der mutmaßliche Wille der Behörde zu erforschen sei, stützte sich bisher auf § 139 BGB[121], der bei teilnichtigen Rechtsgeschäften auf den Parteiwillen, d. h. auf den Willen des Erklärungsurhebers abstellt. Dieser Hinweis besitzt allerdings nur beschränkten Wert, da die subjektiven Momente des § 139 BGB von der zivilistischen Rechtsprechung und Lehre zugunsten objektiver Kriterien verdrängt worden sind. Weniger der subjektive Wille der Vertragsparteien ist maßgebend als die aus den gesamten Umständen zu entnehmende Abwägung der im Vertrag gestalteten Interessen; es gilt der so „objektivierte Vertragswille"[122, 123]. Von einer vollen Willensherrschaft der Parteien über totale oder partielle Ungültigkeit eines teilweise fehlerhaften Rechtsgeschäfts kann heute nicht mehr gesprochen werden.

3. Bedeutung des § 44 Abs. 4 VwVfG

Seit Inkrafttreten des Verwaltungsverfahrensgesetzes wird auf § 44 Abs. 4 VwVfG verwiesen[124] oder die dort genannte Voraussetzung für die Aufrechterhaltung inhaltlich übernommen[125, 126]. Gemäß § 44 Abs. 4

---

[121] *Bender*, Allg.VerwR S. 125; *Krüger* DVBl 1955, 450 (456); *Assfalg* BB 1967, 190 (191); *Eyermann / Fröhler* Anh. § 42 Rdnr. 14.

[122] *Erman / Westermann* § 139 Rdnr. 10; *Soergel / Hefermehl* § 139 Rdnr. 19: „Die Auslegung hat ... einen objektiven Einschlag", dort weitere Nachweise; vgl. auch *Erichsen* VerwA 66 (1975), 304 Fn. 24 m. w. N.

[123] Zur Teilnichtigkeit eines öffentlich-rechtlichen Vertrages gemäß § 59 Abs. 3 VwVfG vgl. *Kopp* VwVfG § 59 Anm. 4: Es ist „weniger auf die Auffassungen der Vertragspartner oder deren hypothetischen Willen abzustellen, als vor allem auf den offensichtlichen Zweck des Vertrages und auf den Gesamtzusammenhang der getroffenen Regelung".

[124] *Eyermann / Fröhler* § 113 Rdnr. 35 i. V. m. Anh. § 42 Rdnr. 14.

[125] *Schunck /De Clerck* § 113 Anm. 2 a) bb); vgl. die Einzelbegründung des Regierungsentwurfs BT-Drs. 7/910 S. 65: § 44 Abs. 4 VwVfG regelt „die Teilnichtigkeit in Anlehnung an den Grundgedanken des § 139 BGB".

[126] Zum Teil wird § 44 Abs. 4 VwVfG, der dem Willen des Erklärungsurhebers, zumindest für die Teilnichtigkeit eines Verwaltungsakts, Bedeutung beimißt, nicht erörtert. Dies sollte man gerade bei einem Vertreter der „Willenstheorie" nicht vermuten; so hält *Lange* (S. 352) den Rückgriff auf einen „vermeintlich in § 139 BGB enthaltenen allgemeinen Rechtsgedanken" aus folgendem Grund für unzulässig: „Die in § 139 BGB ausgesprochene Regel ... dient der möglichst adäquaten Verwirklichung des Parteiwillens. Dieser Gesichtspunkt kann für die Beurteilung von Verwaltungsakten mindestens unmittelbar keine Rolle spielen." Die §§ 44 Abs. 4 und 59 Abs. 3 VwVfG bleiben unerörtert (vgl. lediglich in anderem Zusammenhang *Lange* S. 354 in Fn. 52).

VwVfG tritt bei teilweiser Nichtigkeit Gesamtnichtigkeit ein, „wenn der nichtige Teil so wesentlich ist, daß die Behörde den Verwaltungsakt ohne den nichtigen Teil nicht erlassen hätte". Diese Regelung über teilnichtige Verwaltungsakte wird auch bei teilweise rechtswidrigen und deshalb nur aufhebbaren Verwaltungsakten angewandt[124]. Kommt das Gericht nach den für die Teilnichtigkeit geltenden Kriterien (§ 44 Abs. 4 VwVfG) zu dem Ergebnis, daß der Verwaltungsakt ohne den aufzuhebenden Teil nicht erlassen worden wäre, so hat es den Verwaltungsakt im ganzen aufzuheben.

§ 44 Abs. 4 VwVfG unterscheidet sich in der Rechtsfolge von § 139 BGB, indem er bei Teilnichtigkeit eines Verwaltungsakts die Gültigkeit des rechtmäßigen Teils zur Regel macht. Totalnichtigkeit tritt ein, wenn das Kriterium der Wesentlichkeit des nichtigen Teils gegeben ist und wenn auch die Behörde den nichtigen Teil für entsprechend wesentlich hält.

a) Das Kriterium des Behördenwillens

Zur Feststellung des mutmaßlichen Behördenwillens soll es nicht auf den subjektiven hypothetischen Willen der Verwaltung bzw. die Meinung des für diese handelnden Amtsträgers ankommen[127]. Da die Einzelbegründung des Regierungsentwurfs[128] zu § 44 Abs. 4 VwVfG ausdrücklich auf den Grundgedanken des § 139 BGB[129] verweist, wird wie dort eine „Objektivierung" des mutmaßlichen Parteiwillens[130], so hier eine „Objektivierung" des hypothetischen Behördenwillens vorgenommen: Anzuwenden ist eine „objektive Betrachtungsweise"[131]; es kommt darauf an, wie eine „vernünftige", an das Gesetz gebundene und rechtmäßig handelnde Behörde bei Kenntnis der Sachlage entschieden hätte[132, 133].

b) Das Kriterium der Wesentlichkeit

Während über die geschilderte Ermittlung des „vernünftigen" hypothetischen Behördenwillens weitgehende Einigkeit besteht, bleibt das Verhältnis zum Kriterium der Wesentlichkeit oft unklar. Dem objektiven Merkmal der Wesentlichkeit sei „größeres Gewicht" beizumessen als der subjektiven Einschätzung der Behörde[134]. Die Kriterien der

---

[127] *Kopp* VwVfG § 44 Anm. 8.

[128] s. in Fn. 125.

[129] Vgl. § 59 Abs. 3 VwVfG für den öffentlich-rechtlichen Vertrag.

[130] s. oben bei Fn. 122, 123.

[131] *Knack* VwVfG § 44 Rdnr. 7.2; *Kopp* VwVfG § 44 Anm. 8 m. w. N.

[132] Vgl. *Stelkens* in Stelkens / Bonk / Leonhardt VwVfG § 44 Rdnr. 36.

[133] Selbstverständlich hat die Ermittlung des „vernünftigen" statt des rein subjektiven Verwaltungswillens nichts zu tun mit dem Kriterium der Wesentlichkeit in § 44 Abs. 4 VwVfG.

[134] *Meyer* in Meyer /Borgs-Maciejewski VwVfG § 44 Rdnr. 22.

Wesentlichkeit und des mutmaßlichen Behördenwillens konkurrieren
jedoch nicht miteinander, so daß dem einen oder anderen ein „größeres
Gewicht" zukommen könnte. Vielmehr besteht ein einseitiges Abhän-
gigkeits- und Einwirkungsverhältnis, wie die grammatikalische Kon-
struktion ergibt: In der Formulierung „so wesentlich ist, daß" leitet das
Wort „daß" einen Konsekutivsatz ein. Nur wenn die in dem „daß"-
Satz ausgedrückte Folge[135] vorliegt, ist hinreichende („so") Wesentlichkeit[136] gegeben. Der als Folge formulierte „daß"-Satz ist Voraussetzung der Wesentlichkeit; deshalb entscheidet der Wille der Verwaltungsbehörde über das Merkmal der Wesentlichkeit[137]. Die Wesentlichkeit des nichtigen Teils für den Gesamtverwaltungsakt ist von einem
subjektiven Merkmal abhängig; über sie entscheiden nicht objektive[137],
sondern subjektive[138] Maßstäbe.

Zusammenfassend läßt sich in § 44 Abs. 4 VwVfG die Voraussetzung
zur Totalnichtigkeit bezeichnen als „subjektivierte" Wesentlichkeit des
nichtigen Teils. Dies wäre in folgender Formulierung des § 44 Abs. 4
VwVfG klarer zum Ausdruck gekommen: „Betrifft die Nichtigkeit nur
einen Teil des Verwaltungsakts, so ist er im ganzen nichtig, wenn der
nichtige Teil wesentlich ist; die Wesentlichkeit bestimmt sich danach,
ob die vernünftige Behörde den Verwaltungsakt auch ohne den nichtigen Teil erlassen hätte."

II. Kritik an der herrschenden Meinung

1. W. Martens und Erichsen[139]

W. Martens[140] hat, bevor für die Teilnichtigkeit § 44 Abs. 4 VwVfG
in Kraft trat, gegen diese Lehre zur Teilkassation von Ermessensakten
eingewandt, daß über die Fehlerhaftigkeit von Verwaltungsakten ob-

---

[135] Die Folge besteht in einem hypothetischen Geschehen, nämlich daß die
Behörde den Verwaltungsakt ohne den nichtigen Teil nicht erläßt; allerdings
beurteilt sich das, was als Folge der Wesentlichkeit geschieht, nicht vom
jetzigen Zeitpunkt aus, sondern vom Zeitpunkt des Erlasses des gesamten
Verwaltungsakts („erlassen hätte"). Die in dem Konsekutivsatz enthaltene
Verneinung trägt zur weiteren Komplizierung bei: Der nichtige Teil muß so
wesentlich sein, daß etwas *nicht* geschehen wird bzw. vom Zeitpunkt des
Erlasses des Gesamtverwaltungsaktes betrachtet *nicht* geschehen wäre („nicht
erlassen hätte").

[136] Wesentlichkeit als gesteigerter Grad von Wichtigkeit.

[137] W. Martens DVBl 1965, 428 ff. (429).

[138] Lediglich mit der oben sub a) erfolgten Modifizierung des „vernünftigen" Behördenwillens.

[139] Im Ergebnis übereinstimmend Wolff / Bachof VerwR I § 49 II c) und
§ 51 VI; Stelkens / Bonk /Leonhardt VwVfG § 44 Rdnr. 36; vgl. die Darstellung bei Lange S. 349.

[140] DVBl 1965, 428 ff.

jektive Kriterien entscheiden. Auch beim Erlaß von Ermessensakten komme es nicht auf die Vorstellungen und den Willen des erlassenden Beamten an, so daß auch bei der Frage nach der Teilaufhebung der Behördenwille nicht ausschlaggebend sein könne. Ein Vergleich mit den willensorientierten Fehlertatbeständen im bürgerlichen Recht (§§ 116 ff. BGB) sei nicht zulässig, weil die §§ 116 ff. BGB im Verwaltungsrecht nicht gälten[141]. *Skouris*[142] hat demgegenüber darauf hingewiesen, daß das BGB auch die Ungültigkeit eines Rechtsgeschäfts aus objektiven Gründen kenne[143]; trotzdem werde auch in diesen Fällen objektiv begründeter Teilnichtigkeit der vernünftige Parteiwille zur Aufrechterhaltung des restlichen Teils herangezogen. Außerdem unterscheidet die Lehre zur Teilaufhebung, die sich auf § 139 BGB beruft, nicht danach, ob sich die Teilrechtswidrigkeit aus objektiven oder subjektiven Fehlertatbeständen ergibt. Lediglich die Folge eines partiellen Rechtsverstoßes, nämlich Teil- oder Totalaufhebung, soll vom Behördenwillen abhängen. Ein neuer subjektiver Fehlertatbestand wird also durch die „Willenstheorie" nicht in das öffentliche Recht eingeführt[144].

Der Kritik von *W. Martens* an der „Willenstheorie" ist *Erichsen* gefolgt[145]; es gehe nicht darum, ob die Verwaltung die Restregelung auch ohne die fehlerhafte Teilregelung erlassen wollte oder (wie § 40 Abs. 4 EVwVfG 1973 = § 44 Abs. 4 VwVfG es formulierte) „erlassen hätte", sondern allein darum, ob sie es im jeweiligen Fall durfte. Anderenfalls sei der ganze Verwaltungsakt rechtswidrig und aufhebbar. Den Einwand von *Weyreuther*[146], daß bei Mißachtung des Behördenwillens eine zwar rechtmäßige, aber nach Auffassung der Verwaltung unzweckmäßige Entscheidung nach Aufhebung des rechtswidrigen Teils erhalten bleibt, muß freilich *Erichsen*[147] als folgerichtig anerkennen.

2. Ress

Auch *Ress*[148] kritisiert die herrschende Auffassung zur Zulässigkeit der Teilkassation. Wenn dafür das Gericht die Überzeugung gewinnen müsse, daß die Behörde den Verwaltungsakt auch ohne den fehlerhaften Teil erlassen hätte, so laufe dies „auf eine Untersuchung eines

---

[141] W. *Martens* DVBl 1965, 434.

[142] Teilnichtigkeit S. 28 f.

[143] §§ 105, 125, 134, 138 BGB.

[144] *Skouris* gegen W. *Martens* DVBl 1965, 431.

[145] *Erichsen* VerwA 66 (1975) S. 299 (310 f.) m. w. N. in Fn. 64; W. *Martens* ebd.; *Erichsen / Martens* Allg.VerwR S. 177 f.

[146] DVBl 1969, 232 (235).

[147] VerwA 66 (1975), 311 = HRR VwR 1975 F 6, C 3, S. 13.

[148] Die Entscheidungsbefugnis S. 172 Fn. 278.

fiktiven Willens der Verwaltungsbehörde hinaus". Nur wenn der Erlaß
des rechtmäßigen Teils des Verwaltungsakts die einzige fehlerfreie
Ausübung des Ermessens bilde[149], lasse sich die Befugnis zur Teilkassation rechtfertigen; sonst sei sie ein echter Eingriff in die Ermessenssphäre. Ein Urteil, das gemäß der herrschenden Meinung (Berücksichtigung des mutmaßlichen Behördenwillens) einen Ermessensakt teilweise aufhebt, nennt Ress reformatorisch.

Damit sind zwei Vorwürfe vorgebracht, die getrennt werden müssen. Einerseits soll das Abstellen auf den mutmaßlichen Behördenwillen — heute analog § 44 Abs. 4 VwVfG — ein untaugliches Mittel
sein, um einen gerichtlichen Eingriff in die Ermessenssphäre der Verwaltung zu verhindern. Andererseits soll damit das Verwaltungsgericht
seine grundsätzlich kassatorische Befugnis überschreiten. Das hat jedoch mit dem erstgenannten Vorwurf nichts zu tun; denn auch ein
reformatorisches Urteil darf nicht in die Ermessenssphäre der Behörde
eingreifen[150]. Zu dem letzteren Problem, ob das Gericht durch eine
Teilkassation seine kassatorische Befugnis überschreiten kann, werde
ich mich später äußern[151]. Hier soll die erstere Frage erörtert werden,
ob die behördliche Ermessensfreiheit bei der Teilaufhebung das Gericht
zwingt, den mutmaßlichen Behördenwillen zu berücksichtigen. Dazu
werden die Fälle der Teil- und der Totalanfechtung getrennt untersucht.

III. Eigene Lösung

Ob die herrschende Meinung den Rechtsgedanken des § 44 Abs. 4
VwVfG zu Recht zur Teilkassation von Ermessensakten heranzieht,
indem sie den mutmaßlichen Behördenwillen über die Aufrechterhaltung des rechtmäßigen Teils entscheiden läßt, kann nicht einheitlich
beantwortet werden. Zu berücksichtigen ist statt des (mutmaßlichen)
Behördenwillens in erser Linie der Wille des Verwaltungsadressaten,
nämlich das Klagebegehren des Anfechtungsklägers. Erst anschließend
ist die Formulierung des § 44 Abs. 4 VwVfG zu beachten, wo der Gesetzgeber den Willen des Erklärungsurhebers für bedeutsam erklärt
hat[152].

---

[149] Gemeint ist der Fall der Ermessensreduzierung auf Null, der einer
gebundenen Entscheidung gleichzustellen ist und oben bei Fn. 114 behandelt
wurde.
[150] *Bettermann*, Wacke-Festschrift S. 247, vgl. unten Vierter Teil A.
[151] s. unten Dritter Teil (bei Fn. 202).
[152] Ebenso § 59 Abs. 3 VwVfG.

1. Teilanfechtung

Wie im Zivilprozeß, so bestimmen auch im Verwaltungsprozeß die Parteien den Streitgegenstand[153]. Ob der teilbare Verwaltungsakt total oder partiell angefochten und überprüft wird, entscheidet der Kläger. Dabei kommt es für die Anfechtbarkeit nicht darauf an, ob die Fehlerhaftigkeit des Verwaltungsakts dessen Nichtigkeit herbeiführt; nichtige Verwaltungsakte können außer mit der Nichtigkeitsfeststellungsklage auch mit der Anfechtungsklage angegriffen werden (arg. e. contr. § 43 Abs. 2 S. 2 VwGO)[154]. Insofern braucht im folgenden zwischen verschiedenen Fehlergründen nicht differenziert zu werden.

a) Teilanfechtung eines
teilweise fehlerhaften Verwaltungsakts

Kommt das Verwaltungsgericht auf die vom Kläger angestrengte Teilanfechtungsklage zu dem Ergebnis, daß der teilbare Verwaltungsakt nur hinsichtlich des streitigen Teiles fehlerhaft ist, so hebt es den angefochtenen Teil auf. Die Klage ist in vollem Umfang begründet. Es ergeht Vollurteil, kein Teilurteil, weil kein weiterer Streitgegenstand zu entscheiden ist. Gleiches gilt für die auf Feststellung der Teilnichtigkeit gerichtete Feststellungsklage; das Gericht stellt die Nichtigkeit nur hinsichtlich des beantragten Teiles fest.

Ist der fehlerhafte Teil für den rechtmäßigen Teil so wesentlich, daß die Behörde diesen allein nicht erlassen hätte (§ 44 Abs. 4 VwVfG), ändert sich an dem Urteil(stenor) und den objektiven Grenzen seiner Rechtskraft nichts; das Gericht darf den rechtmäßigen, nicht angefochtenen Teil nicht aufheben. § 44 Abs. 4 VwVfG darf es nicht zur Urteilsfindung heranziehen. Dies ergibt sich für den Fall, daß der rechtmäßige Teil ergehen mußte, schon daraus, daß es auf den Behördenwillen nicht ankommt[155]. § 44 Abs. 4 VwVfG ist auf gebundene Verwaltungsakte nicht anwendbar. Aber auch bei Ermessensakten ist von der Gültigkeit des rechtlich allein zulässigen Teils auszugehen.

---

[153] Vgl. oben Erster Teil B. II. 4.

[154] BVerwGE 18, 155; *Bettermann*, Ipsen-Festschrift S. 274; vgl. *Eyermann / Fröhler* § 43 Rdnr. 18 unter Hinweis auf die Gesetzesbegründung; vgl. auch § 23 Abs. 1 S. 2 MRVO 165. Bei Anfechtung des nichtigen Verwaltungsakts darf das Gericht nur die Aufhebung des Verwaltungsakts aussprechen und nicht dessen Nichtigkeit. Dies ergibt sich aus § 113 Abs. 1 VwGO (anders § 75 MRVO 165) und aus der Bindung des Gerichts an den Klageantrag (§ 88 VwGO). Es darf dem Kläger nicht mehr und nichts anderes zusprechen, als er beantragt hat.

[155] *Kopp* VwVfG § 44 Anm. 8 a. E.

*aa) Vorrang der Bindung des Gerichts
an das Klagebegehren (§ 88 VwGO)*

Die Unbeachtlichkeit des Behördenwillens ist davon unabhängig, ob
der Restverwaltungsakt nach dem Gesetz gebunden oder frei ist. Ent-
scheidend ist allein die Disposition der Parteien und der Vorrang des
§ 88 VwGO. Nicht die Unterscheidung zwischen gebundenem und Ermessensakt, sondern die Bindung des Gerichts an das Klagebegehren
ist bei Teilanfechtung für die Aufrechterhaltung des nichtangefochte-
nen Teils bedeutsam. Durch die Klage auf Teilaufhebung oder auf
Feststellung der Teilnichtigkeit des Verwaltungsakts ist dem Gericht
nur dieser Teil zur Entscheidung unterbreitet. Das Gericht darf nicht
mehr zusprechen, als beantragt ist. Genausowenig wie einen weiteren
unangefochtenen Verwaltungsakt[156] darf das Gericht den unangefochtenen Teil eines Verwaltungsakts aufheben. Gleiches bestimmt § 308
ZPO für den Zivilprozeß. Klagt eine Partei auf Feststellung der Nichtigkeit einer abtrennbaren Vertragsklausel, so darf das Gericht nicht den
gesamten Vertrag für nichtig erklären, wenn nicht im Wege der Widerklage der Beklagte den anderen Vertragsteil als weiteren Streitgegenstand in den Prozeß einführt. Beschreitet der Beklagte diesen Weg
nicht, so kann er nur in einem weiteren Prozeß die Nichtigkeit des
restlichen Teils gemäß § 139 BGB durch Feststellungsklage (§ 256 ZPO)
prinzipaliter geltend machen. In dem Prozeß auf Nichtigerklärung nur
der abtrennbaren Vertragsklausel hatte der Kläger nur diesen Teil des
Rechtsgeschäfts zum Streitgegenstand erhoben. Diese beschränkende
Wirkung des Klagebegehrens ist in § 308 ZPO für den Zivilprozeß und
in § 88 VwGO für den Verwaltungsprozeß festgelegt. Im Zivilprozeß
hat sich daran am 1. Januar 1900 durch Inkrafttreten des § 139 BGB
nichts geändert, und soweit ersichtlich, ist dies auch noch nicht behauptet worden. Das Gericht darf nur über den Vertragsteil urteilen, der
ihm unterbreitet worden ist. Daß die Parteien den Vertrag ohne die
vom Gericht für nichtig erklärte Klausel nicht abgeschlossen hätten,
ist in diesem Prozeß irrelevant. Genauso ist auch § 88 VwGO von der
Einführung des § 44 Abs. 4 VwVfG unberührt geblieben; keine andere
Beurteilung kann die sogenannte Willenstheorie erfahren, die sich auf
§ 139 BGB und § 44 Abs. 4 VwVfG stützt. Soweit die Fehlerhaftigkeit
des Verwaltungsaktes nicht durch den Klageantrag Streitgegenstand
geworden ist, kann sie dies auch nicht durch § 44 Abs. 4 VwVfG werden. Das Verwaltungsgericht darf auch in den Fällen des § 44 Abs. 4
VwVfG den Verwaltungsakt nur insoweit aufheben, als es der Kläger
beantragt hat.

Was die Anfechtungsklage angeht, könnte § 88 1. Halbs. VwGO also
durch folgende Formulierung des § 113 Abs. 1 S. 1, 1. Halbs. VwGO

---

[156] *Schunck / De Clerck* § 88 Anm. 1 b).

ersetzt werden: „Soweit der Verwaltungsakt angefochten, rechtswidrig und der Kläger dadurch in seinen Rechten verletzt ist." § 113 VwGO erwähnt die Bindung an das Klagebegehren nicht ausdrücklich, weil § 88 VwGO für alle Klagearten gilt. § 113 Abs. 1 S. 1 VwGO ist dahingehend zu lesen: „Soweit der *angefochtene* Verwaltungsakt rechtswidrig und der Kläger dadurch in seinen Rechten verletzt ist, hebt das Gericht den Verwaltungsakt und den etwaigen Widerspruchsbescheid auf[157]."

bb) *Einfluß des Behördenwillens im Prozeß*

Da es demnach zur Anwendbarkeit des § 44 Abs. 4 VwVfG durch das Gericht darauf ankommt, inwieweit der erlassene Verwaltungsakt Streitgegenstand geworden ist, hat die Behörde nur folgende Möglichkeit, ihren Willen im Prozeß zur Geltung zu bringen: Wenn der Kläger auf Feststellung der teilweisen Nichtigkeit des Verwaltungsakts klagt, kann die Behörde Widerklage auf Feststellung der Nichtigkeit des anderen Teils erheben. Weil in diesem Fall die Beschränkung des § 89 Abs. 2 VwGO nicht eingreift, hat das Gericht auch über die Nichtigkeit oder Aufrechterhaltung des Verwaltungsaktsteiles zu entscheiden, den der Betroffene nicht angegriffen hat. Auch wenn der von der Verwaltung zum Streitgegenstand des Nichtigkeitsprozesses gemachte Teil nur rechtswidrig und aufhebbar oder sogar rechtmäßig ist, muß das Gericht bei Teilnichtigkeit die Gesamtnichtigkeit unter den Voraussetzungen des § 44 Abs. 4 VwVfG feststellen; die Nichtigkeitswiderklage ist begründet, obwohl sie nur gegen einen bloß aufhebbaren Teil gerichtet war. Zur gerichtlichen Feststellung der Gesamtnichtigkeit bedarf es des § 44 Abs. 4 VwVfG aber dann nicht, wenn beide Teile an Nichtigkeitsfehlern leiden[158].

cc) *Einfluß des Behördenwillens*
nach rechtskräftiger Teilkassation

Der Vorrang des § 88 VwGO vor § 44 Abs. 4 VwVfG und vor der Berücksichtigung des mutmaßlichen Behördenwillens hat folgende Konsequenz: Ist der rechtmäßige Teil ein Ermessensakt und wäre er wegen der Wesentlichkeit des fehlerhaften Teils allein nicht erlassen worden, so scheint es, daß der Behörde durch die Teilaufhebung des Verwaltungsgerichts ein Verwaltungsakt aufgenötigt wird. Dies soll jedoch schon nach der „Willenstheorie" dann nicht der Fall sein, wenn der Verwaltungsakt aus mehreren belastenden Regelungen besteht, die nach dem Behördenwillen miteinander verbunden sind[159]. Der Ge-

---

[157] Vgl. § 113 Abs. 2 VwGO: „Betrifft der *angefochtene* Verwaltungsakt ..."
[158] Wichtig ist aber auch hier, daß beide Teile Streitgegenstand geworden sind.
[159] So jedenfalls *Lange* S. 353 als Vertreter der „Willenstheorie".

staltungsspielraum der Behörde werde durch die teilweise Aufhebung nicht tangiert, weil es ihr freistehe, die restliche rechtmäßige belastende Regelung aufzuheben. Der Verwaltungswille sei allein bei Verbindung einer begünstigenden mit einer (allein aufgehobenen) belastenden Regelung zu berücksichtigen[160].

Der Behörde wird jedoch in *keinem* Fall ein (begünstigender) Verwaltungsakt aufgenötigt. Wurde zwar ihr Wille, den restlichen Teil nicht allein zu erlassen, im Anfechtungsprozeß nicht berücksichtigt, so kann sie sich jedoch nach der rechtskräftigen Teilkassation des Verwaltungsgerichts auf § 44 Abs. 4 VwVfG berufen. Dort ist u. a. die „Nichtigkeit" eines Teiles Voraussetzung dafür, daß der Verwaltungsakt im ganzen nichtig ist. Nichtig ist der durch das Verwaltungsgericht aufgehobene Teil zwar nicht, aber mit ex-tunc-Wirkung[161] vernichtet. Daß in § 44 Abs. 4 VwVfG die teilweise Nichtigkeit der teilweisen Vernichtetheit[162] gleich zu behandeln ist, zeigt ein Vergleich mit § 139 BGB. Wie ein teilbarer Verwaltungsakt ist auch ein teilbares Rechtsgeschäft teilweise anfechtbar[163]. Wie nach rechtskräftigem Aufhebungsurteil der angefochtene Verwaltungsakt ex tunc vernichtet ist, so ist nach wirksamer Anfechtungserklärung das angefochtene Rechtsgeschäft ex tunc vernichtet, § 142 Abs. 1 BGB. Diese Fiktion, wonach bei erfolgreicher Anfechtung eines Rechtsgeschäfts dieses „als nichtig anzusehen ist", muß entsprechend für die gerichtliche Aufhebung eines Verwaltungsakts gelten: der rechtskräftig aufgehobene Verwaltungsakt ist nunmehr als nichtig anzusehen. § 44 Abs. 4 VwVfG ist deshalb auch dann anwendbar, wenn die Nichtigkeit des Teiles auf rechtskräftiger verwaltungsgerichtlicher Aufhebung beruht, so wie die teilweise Nichtigkeit eines Rechtsgeschäfts bei § 139 BGB auch auf teilweiser Anfechtung beruhen kann[164].

dd) Ergebnis

Folgendes Beispiel zeigt, daß bei Teilaufhebung nach Teilanfechtung der Behörde kein Verwaltungsakt aufgenötigt wird: Wenn der Betroffene bei einem Verwaltungsakt, der eine Leistung unter einer Auflage versprach, nach gerichtlicher Aufhebung der Auflage von der

---

[160] *Lange* S. 353.

[161] H. M., *Redeker / von Oertzen* § 113 Rdnr. 1.

[162] Während die „Vernichtung" den Vorgang des Unwirksamwerdens beschreibt, kann man nach erfolgreicher Vernichtung von „Vernichtetheit" sprechen. Im Gegensatz dazu liegt „Nichtigkeit", z. B. nach §§ 134, 138 BGB oder § 44 Abs. 1 VwVfG, vor, ohne daß es eines Vernichtungsaktes bedarf.

[163] Vgl. *Soergel / Hefermehl* § 142 Rdnr. 6.

[164] Nach RGZ 62, 184 (186) „kann darüber kein Zweifel bestehen"; vgl. außerdem RGZ 76, 306 ff.; 146, 234 ff.; *Soergel / Hefermehl* § 139 Rdnr. 6; *Flume* § 32, 6.

Behörde die Leistung fordert, kann sich diese nunmehr darauf berufen, daß gemäß § 44 Abs. 4 VwVfG auch der begünstigende rechtmäßige Teil nichtig sei[165]. Dem steht nicht entgegen, daß das Verwaltungsgericht diesen Teil nicht aufgehoben hat. Da der Klageantrag in Verbindung mit § 88 VwGO das Gericht an einer Entscheidung über diesen Streitgegenstand hinderte, war diesbezüglich noch alles offen geblieben. Zwischen den Parteien ist darüber noch nichts rechtskräftig entschieden worden, so daß die Behörde ihre Auffassung geltend machen kann[166]. Hält der Betroffene die behördliche Anwendung des § 44 Abs. 4 VwVfG für rechtswidrig und die daraus abgeleitete Auffassung von der totalen Nichtigkeit für falsch, so kann er Leistungsklage erheben. Deren Erfolg hängt davon ab, ob der rechtmäßige begünstigende Teil des Verwaltungsakts wirksam bleibt oder von der Vernichtung des anderen Teils erfaßt wird. Dies hat das Verwaltungsgericht im zweiten Prozeß inzident zu prüfen und dabei § 44 Abs. 4 VwVfG anzuwenden. Es bedarf auch keines Widerrufs des begünstigenden Verwaltungsakts(teils) durch die Behörde. Als Rechtsfolge ordnet nämlich § 44 Abs. 4 VwVfG nicht die Vernichtbarkeit, Widerruflichkeit oder Rücknehmbarkeit des nicht nichtigen Teils an; § 44 Abs. 4 VwVfG ergänzt nicht die §§ 48, 49 VwVfG um eine weitere Widerrufs- oder Rücknahmemöglichkeit. Vielmehr „ist" der Verwaltungsakt „im ganzen nichtig". Daß der Kläger eine totale Nichtigkeit nicht gewollt hat, ist *jetzt* unerheblich. Lediglich *im* Anfechtungsprozeß konnte er durch Beschränkung des Klagebegehrens die gerichtliche Totalvernichtung durch Totalaufhebung verhindern:

Eine unter einer Auflage erteilte Baugenehmigung ist nach Anfechtung und Aufhebung nur der Auflage nichtig, wenn die (weiteren[167]) Voraussetzungen des § 44 Abs. 4 VwVfG vorliegen. Da es dazu auf den Willen der Behörde ankommt, soll nicht das Gericht im Teilanfechtungsprozeß über die Aufrechterhaltung der Baugenehmigung befinden, sondern anschließend die Behörde selbst darüber entscheiden. Hält *sie* die Voraussetzungen des § 44 Abs. 4 VwVfG für gegeben, so baut der Bauherr formell baurechtswidrig. Zur Beseitigung einer Rechtsunsicherheit mag der Kläger Feststellungsklage auf Wirksamkeit der Baugenehmigung erheben, die Behörde gemäß § 44 Abs. 5, 1. Halbs.

---

[165] Gemäß § 44 Abs. 5 VwVfG kann die Behörde die Nichtigkeit jederzeit von Amts wegen feststellen; wegen der Stellung dieser Bestimmung am Ende des § 44 VwVfG gilt dies auch für die Nichtigkeit gem. § 44 Abs. 4 VwVfG. Die Feststellung der Nichtigkeit ist ein Verwaltungsakt, *Knack* VwVfG § 44 Rdnr. 8.1.2.

[166] Auch nach Totalanfechtung und rechtskräftiger (gerichtlicher) Bestätigung des rechtmäßigen Teils darf die Behörde dessen Nichtigkeit nach § 44 Abs. 4 VwVfG geltend machen, s. unten 2. a) (insbesondere cc)).

[167] Außer der (hier vorhandenen) Teilbarkeit des Verwaltungsaktes.

VwVfG die Nichtigkeit feststellen oder der Baunachbar einen entsprechenden Antrag nach Abs. 5, 2. Halbs. stellen.

b) Teilanfechtung eines
total fehlerhaften Verwaltungsakts

Wie es für die Zulässigkeit der Teilaufhebung bei Teilanfechtung
nicht darauf ankommt, ob der restliche nicht angefochtene Teil des teilbaren Verwaltungsakts ein gebundener oder ein Ermessensakt ist, so
hat auch die Rechtmäßigkeit oder Fehlerhaftigkeit dieses Teiles keinen
Einfluß auf den Umfang des Streitgegenstandes. Dabei rechtfertigt
sich keine unterschiedliche Beurteilung, wenn der nicht angefochtene
Teil fehlerhaft ist oder es erst durch die Teilanfechtung wird:

aa) Wenn mehrere Teile eines Verwaltungsakts einen gemeinsamen
oder jeder einen eigenen Anfechtungsgrund in sich tragen oder wenn
der Verwaltungsakt total nichtig ist, so darf das Gericht gemäß § 88
VwGO doch nur über den fehlerhaften Teil urteilen, dessen Aufhebung
oder Nichtigkeitsfeststellung beantragt wurde. Es gilt dasselbe wie bei
einer Mehrheit fehlerhafter Verwaltungsakte, von denen nur einer angefochten ist.

bb) Entsprechend ist auch folgender Fall zu beurteilen, wo die Notwendigkeit einer Totalaufhebung nicht aus dem mutmaßlichen Willen
der Verwaltung, sondern aus anderen Gründen abgeleitet wird. Der
begünstigende Teil eines Verwaltungsakts soll in Mitleidenschaft ge-
zogen werden, wenn er zwar nicht rechtswidrig ist, es aber durch Aufhebung des rechtswidrigen Teils wird. Eine Genehmigung nach §§ 4 ff.
BImSchG[168] kann dadurch rechtswidrig werden, daß die nach § 12
BImSchG beigefügte Auflage aufgehoben wird und die Anlage nach
objektiver Prüfung nicht uneingeschränkt hätte genehmigt werden
dürfen: die Behörde hätte eine andere rechtmäßige Auflage erlassen
müssen. Hier soll die Fehlerhaftigkeit der Auflage die Genehmigung
als ganze infizieren[169].

Das mag zutreffen. Eine Totalaufhebung aus diesem Grunde ist
wegen § 88 VwGO trotzdem nicht zulässig; nur eine Teilaufhebung
kommt in Betracht, wenn die weiteren Voraussetzungen vorliegen: Zunächst müssen Anlagegenehmigung und (echte) Auflage objektiv teilbar sein. Zweifel daran ergäben sich, wenn die rechtmäßige Genehmigung, die durch Aufhebung der Auflage rechtswidrig würde, sich

---

[168] Bundesimmissionsschutzgesetz vom 15. März 1974; Sartorius Nr. 296.
[169] *W. Martens* DVBl 1965, 428 (431); *Badura* JuS 1964, 103; *Schunck / De
Clerck* § 113 Anm. 2 a) bb): „Teilaufhebung ist ausgeschlossen und in toto
aufzuheben, wenn die Rechtswidrigkeit des Teils zwangsläufig die des ganzen
Verwaltungsakts zur Folge hat." A. A. *Wolff / Bachof* VerwR I § 51 VI.

dadurch zu einem aliud wandelte. Ein neuer Verwaltungsakt stellt gegenüber dem ursprünglichen ein aliud dar, wenn sich dessen Inhalt verändert hat. Das ist bei der Bewertung eines ursprünglich rechtmäßigen Verwaltungsakts als nunmehr rechtswidrig nicht der Fall. Die Anlagegenehmigung bleibt qualitativ derselbe Verwaltungsakt, sie wird nicht zu einem aliud. Teilbarkeit liegt also vor.

Eine Teilkassation scheitert auch nicht an Art. 20 Abs. 3 GG, der es verbieten soll, „durch die Aufhebung einer rechtswidrigen Auflage einen neuen rechtswidrigen Zustand herbeizuführen"[170]. Hier kann und soll *die Verwaltung* einen rechtmäßigen Zustand herbeiführen, weil das Gericht nicht entschieden hat, daß der Genehmigung gar keine Auflage beigefügt werden darf. Für genehmigungsbedürftige Anlagen bestimmt § 17 Abs. 1 BImSchG, daß die Behörde „zur Erfüllung der sich aus diesem Gesetz und der auf Grund dieses Gesetzes erlassenen Rechtsverordnungen sich ergebenden Pflichten" noch „nach Erteilung der Genehmigung Anordnungen treffen kann" (Satz 1) bzw. „soll" (Satz 2). Aber auch wo eine gesetzliche Ermächtigung[171] fehlt, nachträglich Auflagen beizufügen, darf oder muß die Behörde eine wegen Rechtswidrigkeit aufgehobene Auflage durch eine rechtmäßige ersetzen, wenn diese dem Verwaltungsakt hätte beigefügt werden dürfen oder müssen[172]. Die Bedenken, daß das Gericht durch die (Teil)Kassation der Auflage einen rechtswidrigen Zustand herbeiführe, sind deshalb unberechtigt. Die Rechtmäßigkeit der Anlagengenehmigung ist nicht Streitgegenstand, so daß durch das Verwaltungsgericht auch nicht darüber entschieden werden darf: weder durch Aufhebung noch durch Bestätigung der Genehmigung.

c) Zusammenfassung

Das Verwaltungsgericht darf bei einer Teilanfechtung wegen der Bindung an das Klagebegehren gemäß § 88 VwGO einen ganz oder teilweise nichtigen oder rechtswidrigen Verwaltungsakt nur in den Grenzen des Klageantrags aufheben[173]; gleiches gilt für die Feststellung der Nichtigkeit bei entsprechender Teilfeststellungsklage. Ob die herrschende Meinung anderer Auffassung ist und auch für die Teilanfechtung, die oben unter B. I. dargelegte Lösung vertritt, bleibt offen, da sie meistens nicht zwischen Teilanfechtung und Totalanfechtung differenziert[174].

---

[170] *Lange* S. 350 m. w. N. in Fn. 35 und 36.
[171] s. auch § 7 Abs. 4 AuslG.
[172] Vgl. *Wolff / Bachof* VerwR I § 49 II. d).
[173] Ob bei teilweise rechtswidrigen Verwaltungsakten bereits der Wortlaut des § 44 Abs. 4 VwVfG dessen Anwendung bzw. die Berücksichtigung des mutmaßlichen Behördenwillens verbietet, bedarf bei der Teilanfechtung wegen § 88 VwGO keiner Entscheidung.

2. Totalanfechtung

Die Totalanfechtung eines insgesamt rechtswidrigen Verwaltungsakts ist unproblematisch. Gemäß § 113 Abs. 1 S. 1 VwGO darf und muß das Gericht wegen totaler Begründetheit den gesamten Verwaltungsakt aufheben. Bei Klage auf Feststellung der Gesamtnichtigkeit muß es diese deklarieren. Ist jedoch der Verwaltungsakt nur teilweise nichtig oder teilweise rechtswidrig, so läßt sich die Frage der Aufrechterhaltung des rechtmäßigen Teils nicht wie bei der Teilanfechtung beantworten. Dort wurde unter Einbeziehung des § 88 1. Halbs. VwGO der § 113 Abs. 1 S. 1 VwGO folgendermaßen gefaßt: „Soweit das Klagebegehren reicht, der Verwaltungsakt rechtswidrig ist und der Kläger dadurch in seinen Rechten verletzt ist . . .". Man kann sich also die Rechtsfolge der Aufhebung als durch drei „Soweit"-Sätze begrenzt denken[175]. Im Falle der begrenzten Anfechtung war das Gericht bereits durch den ersten „Soweit"-Satz bei seinem Ausspruch der Rechtsfolge beschränkt: es kam nur eine Teilaufhebung in Betracht. Im Falle der Totalanfechtung kann das Gericht durch eine Totalaufhebung *diesen* „Soweit"-Satz nicht verletzen; wenn der Kläger durch eine Totalanfechtung den gesamten Verwaltungsakt zur Disposition des Gerichts stellt, hindert § 88 VwGO eine Aufhebung in toto nicht. Zu beachten bleibt jedoch die zweite Begrenzung: *„Soweit* der Verwaltungsakt rechtswidrig ist." Hat das Gericht den Umfang dieser Begrenzung festgestellt, nämlich das Ausmaß der Rechtswidrigkeit, dann steht der Umfang der Rechtsfolge („hebt das Gericht . . . auf") fest. Nur der rechtswidrige Teil darf aufgehoben werden, nicht mehr! Der rechtmäßige Teil darf durch das Verwaltungsgericht nicht aufgehoben werden und bleibt deshalb im Anfechtungsprozeß aufrechterhalten.

Obwohl also § 113 Abs. 1 S. 1 VwGO die Aufhebung eines Verwaltungsakts vom Ausmaß seiner Rechtswidrigkeit abhängig macht, hält die herrschende Meinung[176] das Verwaltungsgericht zur Aufhebung auch des rechtmäßigen Teils für ermächtigt und verpflichtet, wenn die Behörde den Verwaltungsakt nicht ohne den fehlerhaften Teil erlassen hätte, wendet also § 44 Abs. 4 VwVfG analog an. Zur Beurteilung dieser Auffassung bietet sich die Unterscheidung an, ob der rechtmäßige Teil des total angefochtenen, objektiv teilbaren Verwaltungsakts belastenden oder begünstigenden Charakter hat. Im letzteren Fall hat der Betroffene kein Interesse an einer Totalanfechtung; jedenfalls

---

[174] Konsequent VG Bremen NJW 1965, 1196 (1197), das eine Auflage wegen des entsprechenden Behördenwillens für nicht isoliert aufhebbar hielt, sich aber an einer Totalaufhebung durch die Teilanfechtungsklage gehindert sah und deshalb die Klage als unbegründet abwies.

[175] Zur Teilaufhebung muß als vierte Voraussetzung Teilbarkeit hinzukommen.

[176] s. oben B. I.

fehlt ihm insoweit die Klagebefugnis gemäß § 42 Abs. 2 VwGO, da er nicht geltend machen kann, durch den begünstigenden (rechtswidrigen) Teil in seinen Rechten verletzt zu sein. In diesem Fall ist eine Totalanfechtung unzulässig[177]. Die Wirkungen der Totalanfechtung sind deshalb nur bei einem solchen Verwaltungsakt problematisch, der aus mehreren, den Kläger (auch) belastenden (Teil)Regelungen besteht, von denen ein Teil rechtmäßig und ein anderer Teil fehlerhaft ist. Dabei ist hinsichtlich des fehlerhaften Teils zu unterscheiden, ob der Fehler unter Berücksichtigung des § 44 Abs. 1 - 3 VwVfG die Nichtigkeit[178] des Teils herbeiführt oder nicht.

a) Teilweise Rechtswidrigkeit des total angefochtenen Verwaltungsakts

aa) Wörtliche Anwendung des § 44 Abs. 4 VwVfG

Beispiel: Die Behörde fordert vom Eigentümer eines Kraftfahrzeuges folgende Leistungen nach dem Bundesleistungsgesetz[179] an: die „Überlassung" des Kraftfahrzeuges „zum Gebrauch" gemäß § 2 Abs. 1 Nr. 1, ferner gemäß Nr. 9, daß sich der Eigentümer als Fahrer dieses Fahrzeuges zur Verfügung stellt. Da die Behörde keinen anderen Fahrer zur Verfügung hat, liegt ihr nur an der Anforderung von Kraftfahrzeug *und* Fahrer[180]. Es soll angenommen werden, daß die Anforderung des Kraftfahrzeuges rechtmäßig, die Anforderung des Fahrers hingegen rechtswidrig ist.

Nach der „Willenstheorie" müßte das Verwaltungsgericht den ganzen Verwaltungsakt, also beide Anforderungen aufheben. Die Subsumtion unter den Wortlaut des § 44 Abs. 4 VwVfG zeigt, daß dieses Ergebnis falsch ist. „Ein Teil des Verwaltungsakts" ist zwar auch die Einzelregelung, die selbständig ergehen könnte, aber mit anderen Einzelregelungen zu einem Verwaltungsakt zusammengefaßt ist[181]. Der fehlerhafte Teil des Verwaltungsakts ist hier aber nur von einfacher Rechtswidrigkeit, nicht von „Nichtigkeit" betroffen, wie § 44 Abs. 4 VwVfG es fordert[182]. Zwar hebt das Verwaltungsgericht den rechtswidrigen Teil auf und vernichtet ihn damit. Diese einen Teil des Verwaltungsakts betreffende Nichtigkeit tritt aber erst mit Rechtskraft

---

[177] Zur Teilanfechtung s. oben 1.

[178] § 43 Abs. 3 VwVfG: „Ein nichtiger Verwaltungsakt ist unwirksam." Demgegenüber sind alle anderen fehlerhaften Verwaltungsakte nur anfechtbar, aber wirksam, s. Absatz 2.

[179] Bundesleistungsgesetz in der Fassung vom 27. Sept. 1961; Sartorius Nr. 665.

[180] Behördenwille: „Alles oder nichts".

[181] s. oben A. II. 1.

[182] Zur analogen Anwendung des § 44 Abs. 4 VwVfG siehe unten bb).

des Aufhebungsurteils ein. *Während* des Anfechtungsprozesses liegt nur Vernichtbarkeit vor. Daß § 44 Abs. 4 VwVfG diese im Gegensatz zur Vernichtetheit[183] nicht ausreichen läßt, zeigt nicht nur der Tatbestand („betrifft die Nichtigkeit ..."), sondern ergibt sich auch aus der Rechtsfolge: so „ist" er im ganzen nichtig. Daß der ganze Verwaltungsakt mit dem nichtigen Teil „nichtig" ist[184], heißt, daß es keines weiteren Vorganges bedarf, um zur Nichtigkeit zu gelangen. Der bloß anfechtbare Teil eines Verwaltungsakts bedarf aber noch der Vernichtung durch Aufhebung; erst damit wird er vernichtet und ist nunmehr einem nichtigen Verwaltungsakt gleich zu behandeln. Also kann § 44 Abs. 4 VwVfG im Anfechtungsprozeß, wo der rechtswidrige Teil nur vernichtbar und (noch) nicht vernichtet ist, seinem Wortlaut nach keine Anwendung finden. Selbst wenn die Behörde den rechtmäßigen Teil allein nicht erlassen hätte, muß das Gericht diesen noch bestätigen. Weil der Verwaltungsakt nur zum Teil rechtswidrig ist, muß das Gericht über die Totalanfechtungsklage durch teilweise Aufhebung des Verwaltungsakts und teilweise Abweisung der Klage entscheiden.

Das Problem der Anwendbarkeit des § 44 Abs. 4 VwVfG im Anfechtungsprozeß verdeutlicht ein Ausschnitt aus seinem Anwendungsbereich, nämlich der seltene Fall, daß die Totalanfechtung nur hinsichtlich eines (rechtswidrigen) Verwaltungsaktteiles entscheidungsreif ist. Hier hat es die Behörde in der Hand, dem Gericht ausnahmsweise die Anwendung des § 44 Abs. 4 VwVfG zu ermöglichen: wenn das Gericht durch Teilurteil gemäß § 110 VwGO nur einen Teil des angefochtenen Verwaltungsakts aufgehoben hat, läßt die Behörde dieses Teilurteil rechtskräftig werden (dem Kläger fehlt zur Einlegung der Berufung oder Revision die Beschwer). Bei Erlaß des Schlußurteils, das nach Eintritt der Rechtskraft des Teilurteils ergeht, ist der rechtswidrige Teil des Verwaltungsakts bereits durch gerichtliche Aufhebung vernichtet worden. Danach bestimmt sich auch der Inhalt des Schlußurteils über den restlichen Teil des total angefochtenen Verwaltungsakts, wenn dieser Teil rechtmäßig ist: eine Aufhebung nach § 113 Abs. 1 S. 1 VwGO ist zwar unzulässig mangels Rechtswidrigkeit, auch ein Nichtigkeitsgrund nach den Absätzen 1 und 2 des § 44 VwVfG liegt nicht vor; die Zulässigkeit und Notwendigkeit der Restaufhebung folgt jedoch aus der Nichtigkeit des Gesamtaktes gemäß Absatz 4. Dieser ordnet eine „Fernwirkung" der wirksamen Vernichtung des rechtswidrigen ersten Teils an, einen „Ausstrahlungseffekt", eine „Nichtigkeit kraft Sachzusammenhangs". Wegen dieser Totalnichtigkeit in Verbindung mit der vom Kläger erhobenen Totalanfechtungsklage ist das Gericht gezwungen, auch den rechtmäßigen Teil aufzuheben, den die Behörde

---

[183] s. oben bei und in Fn. 162.
[184] Wenn die weiteren Voraussetzungen erfüllt sind.

zwar isoliert hätte erlassen *dürfen,* aber „nicht erlassen *hätte".* Damit weicht § 44 Abs. 4 VwVfG von der Begrenzung des § 113 Abs. 1 S. 1 VwGO („soweit ... rechtswidrig") ab, der nur die Aufhebung fehlerhafter Verwaltungsaktteile fordert. Gesetzgeberisches Hilfsmittel ist die Nichtigerachtung eines rechtmäßigen Teils unter den in Absatz 4 des § 44 VwVfG genannten Voraussetzungen.

bb) Analoge Anwendung des § 44 Abs. 4 VwVfG

Bei einem noch nicht vernichteten, sondern nur anfechtbaren, d. h. vernichtbaren, Verwaltungsaktteil ist Abs. 4 nicht unmittelbar anwendbar. Um die Frage seiner analogen Anwendung auf teilweise anfechtbare — nicht nichtige — Verwaltungsakte zu beantworten, ist es wiederum nützlich, Vernichtung und Nichtigkeit von zivilrechtlichen Willenserklärungen zu betrachten. Bei einem Willensmangel[185] nach §§ 116 S. 2, 117, 118 BGB ist die Willenserklärung nichtig. Eine Willenserklärung mit einem Willensmangel nach §§ 119, 120, 123 BGB ist wirksam, sie kann jedoch durch Anfechtung ex tunc (§ 142 Abs. 1 BGB) vernichtet werden. Hinsichtlich der Vernichtbarkeit entspricht eine solche, z. B. irrtümlich abgegebene, Willenserklärung dem rechtswidrigen Verwaltungsakt; die Vernichtung tritt dort ein mit der Erklärung gegenüber dem Anfechtungsgegner (§ 143 Abs. 1 BGB), hier mit Rechtskraft des Aufhebungsurteils. Die gestaltende Anfechtungserklärung entspricht also dem gestaltenden Aufhebungsurteil. Jeweils muß außer der vernichtbaren Willenserklärung und dem vernichtbaren Verwaltungsakt ein Vernichtungsvorgang hinzutreten, damit Nichtigkeit[186] entsteht.

Um eine analoge Anwendung des § 44 Abs. 4 VwVfG bei einem rechtswidrigen, nur anfechtbaren Teil des Verwaltungsakts zu bejahen, müßte man den Vernichtungsvorgang, die in Rechtskraft erwachsende gerichtliche Aufhebung, als entbehrlich ansehen; denn während des Anfechtungsprozesses über den teilweise rechtswidrigen Gesamtverwaltungsakt ist der rechtswidrige Teil noch nicht vernichtet und daher noch gültig[187]. Im Zivilrecht lautet die entsprechende Frage, ob § 139 BGB, dem § 44 Abs. 4 VwVfG nachgebildet wurde[188], bei einem teilweise anfechtbaren Rechtsgeschäft anzuwenden ist. Kann z. B. das Zivilgericht gemäß § 139 BGB das gesamte teilbare Rechtsgeschäft als nichtig behandeln, wenn eine Partei hinsichtlich eines Rechtsgeschäfts-

---

[185] Unter dem Begriff des Willensmangels werden zusammengefaßt die Tatbestände der §§ 116 - 124 BGB, *Flume,* Das Rechtsgeschäft § 19 S. 398.

[186] Die „Vernichtetheit" ist der Nichtigkeit gleichzusetzen, s. oben bei und in Fn. 162.

[187] Ausnahme bei einem aufhebenden Teilurteil, welches die Behörde vor Erlaß des Schlußurteils rechtskräftig werden läßt, s. oben aa).

[188] s. die in Fn. 125 zitierte Regierungsbegründung.

teiles die Anfechtungserklärung zwar abgegeben hat, diese aber (noch nicht) zugegangen ist. Daß noch keine wirksame Anfechtung(serklärung) vorliegt, ergibt sich aus §§ 143, 130 Abs. 1 BGB: letzterer gilt uneingeschränkt auch bei der Anfechtung, wie sich aus § 121 Abs. 1 S. 2 BGB entnehmen läßt[189]; denn nur für die Rechtzeitigkeit der Erklärung reicht die Absendung aus, nicht aber für das Wirksamwerden der Anfechtung. Demgemäß fehlt es an der teilweisen Vernichtung des Rechtsgeschäfts.

§ 139 BGB ist zwar entsprechend anwendbar auf andere Arten teilweiser Unwirksamkeit[190]. Bevor die Unwirksamkeit eines Teiles eingetreten ist, kommt aber eine (analoge) Anwendung des § 139 BGB nicht in Betracht; das Zivilgericht darf eine Gesamtnichtigkeit des Rechtsgeschäfts noch nicht annehmen. Ebenso kann § 44 Abs. 4 VwVfG keine Anwendung finden, solange der vernichtbare Teil eines Verwaltungsakts noch wirksam ist. Erst nach dessen rechtskräftiger gerichtlicher Aufhebung bewirkt Absatz 4 die mittelbare Nichtigkeit des anderen Teils.

cc) Beispiel

Für den Fall nach dem Bundesleistungsgesetz[191] ergibt sich daraus: Das Gericht muß die Anforderung des Fahrers aufheben. Einer weiteren Aufhebung steht der „Soweit"-Satz des § 113 Abs. 1 S. 1 VwGO entgegen; daran hat auch § 44 Abs. 4 VwVfG nichts geändert[192]. Der angefochtene Gesamtverwaltungsakt wird teilweise aufgehoben und teilweise bestätigt, indem insoweit die Klage abgewiesen wird.

Sobald dieses Urteil rechtskräftig geworden ist, besteht nur noch die Anforderung des Kraftfahrzeuges. Dieses kann freilich die Behörde ohne Fahrer nicht nutzen, und doch muß sie gemäß §§ 20, 23 Abs. 1 Nr. 1 BLG den Eigentümer entschädigen; sie hätte deshalb den Ermessensakt der Kfz-Anforderung allein nicht erlassen. Trotzdem wird der Behörde kein Ermessensakt „aufgenötigt". Mit Rechtskraft des Urteils, das die Fahrerbeorderung aufgehoben hat, liegt nämlich ein teilweise nichtiger Verwaltungsakt als Voraussetzung des § 44 Abs. 4 VwVfG vor. Die Behörde kann sich darauf berufen, daß der nichtige Teil, die Anforderung des Fahrers, so wesentlich war, daß sie den übrigen, durch das Teilaufhebungsurteil bestätigten Teil, die Anforde-

189 *Soergel / Hefermehl* § 121 Rdnr. 10.

190 *Palandt / Heinrichs* § 139 Anm. 1.

191 Zum Sachverhalt siehe oben aa).

192 Zu weitgehend *Kopp* VwVfG § 79 Anm. 1, daß das Verwaltungsverfahrensgesetz im Verwaltungsprozeß überhaupt nicht anzuwenden sei. Bei vorliegender Teilnichtigkeit muß auch das Verwaltungsgericht § 44 Abs. 4 VwVfG anwenden, s. unten b).

rung des Fahrzeugs, allein nicht erlassen hätte. Wenn sie dem Betroffenen gegenüber die Totalnichtigkeit gemäß § 44 Abs. 4 VwVfG geltend macht und diese durch Verwaltungsakt feststellt (§ 44 Abs. 5 VwVfG), liegt die Entscheidung über die Aufrechterhaltung des rechtmäßigen Teilakts bei der Behörde und nicht bei dem Gericht, obwohl dieses ihn rechtskräftig bestätigt hat. Außerdem könnte die Behörde die Anforderung des Kraftfahrzeuges gemäß § 49 Abs. 1 VwVfG[193] widerrufen, allerdings gemäß Absatz 3 nur ex nunc, während die Nichtigkeit nach § 44 Abs. 4 VwVfG ex tunc eintritt und nur noch deklariert werden muß. Unter Berücksichtigung der ex nunc-Wirkung des Widerrufs hat die Behörde also zwei Möglichkeiten, den ohne den rechtswidrigen Teil nicht gewollten rechtmäßigen Ermessensteilakt zu beseitigen. Ein Ermessensakt wird ihr durch die gerichtliche Teilkassation mithin nicht „aufgenötigt"[194].

b) Teilweise Nichtigkeit
des total angefochtenen Verwaltungsakts

aa) Für das Gericht[195] erlangt in unserem Beispiel § 44 Abs. 4 VwVfG Bedeutung einmal, wenn der Eigentümer anschließend auf Entschädigung für die Inanspruchnahme seines Kraftfahrzeuges klagt. Das Gericht muß dann entscheiden, ob durch die Aufhebung der Anforderung des Fahrers auch die Fahrzeuganforderung nichtig geworden ist. Außerdem muß bei Klage auf Feststellung der Totalnichtigkeit das Gericht, wenn es nur einen Teil für „ursprünglich" nichtig erachtet, prüfen, ob gemäß § 44 Abs. 4 VwVfG die Klage in vollem Umfang begründet ist.

bb) Wenn (nur) die totale Aufhebung des teilweise nichtigen Verwaltungsakts beantragt wird, erhebt sich die Frage, ob das Gericht sich mit der Prüfung der teilweisen Rechtswidrigkeit begnügen darf oder ob es das Vorliegen gleichzeitiger Teilnichtigkeit feststellen muß, die gemäß § 44 Abs. 4 VwVfG zur Totalnichtigkeit führen kann: Der Kläger hat nur Aufhebung beantragt, wozu die Rechtswidrigkeitsprüfung ausreicht; der fehlerhafte Teil ist in Wirklichkeit aber zugleich nichtig. Wenn das Gericht teilweise Nichtigkeit bejaht, ist § 44 Abs. 4 VwVfG anwendbar mit der Folge der Totalnichtigkeit. Eine statt der Totalanfechtungsklage erhobene totale Nichtigkeitsfeststellungsklage

---

[193] Wenn der rechtmäßige Teil des Verwaltungsakts nach § 44 Abs. 4 VwVfG schon nichtig „ist", kann § 49 VwVfG (Widerruf) nur analog angewendet werden, so für § 48 VwVfG (Rücknahme) *Kopp* VwVfG § 44 Anm. 9.

[194] Dieser Vorwurf wird zumeist für den Fall erhoben, daß der rechtmäßige Teilakt ein begünstigender Ermessensakt ist.

[195] Bei teilweiser *Rechtswidrigkeit* darf das Gericht § 44 Abs. 4 VwVfG nicht anwenden, s. oben a).

wäre in vollem Umfang erfolgreich. Hingegen müßte bei einer Totalanfechtungsklage das Gericht diese teilweise abweisen, wenn es nur die
Rechtswidrigkeit, nicht aber die Nichtigkeit des fehlerhaften Teils bejaht. Ob das Gericht im Aufhebungsprozeß den fehlerhaften Teil auch
auf seine Nichtigkeit gemäß § 44 Abs. 1 - 3 VwVfG prüfen muß, ist nach
dem Inhalt des Klageantrages zu entscheiden: Um dem Kläger die
teilweise Klageabweisung zu ersparen, ist bei Vorliegen teilweiser
Nichtigkeit eines Verwaltungsakts diese Teilnichtigkeit genauso zu
berücksichtigen, wenn er auf Totalaufhebung klagt, wie wenn er auf
Nichtigkeitsfeststellung des ganzen Verwaltungsakts klagt. Die fest-
gestellte Teilnichtigkeit führt nach § 44 Abs. 4 VwVfG zur Totalnichtigkeit, und diese erst gemäß § 44 Abs. 4 VwVfG entstandene Totalnichtigkeit eines ursprünglich teilweise rechtmäßigen Verwaltungsakts
kann im Anfechtungsprozeß nicht anders behandelt werden als eine
von vornherein bestehende Totalnichtigkeit eines Verwaltungsakts:
(auch) nichtige Verwaltungsakte sind im Anfechtungsprozeß aufzuheben, arg. e. contr. § 43 Abs. 2 S. 2 VwGO. Deshalb ist bei Totalanfechtung eines teilweise nichtigen und teilweise rechtmäßigen Verwaltungsakts, wenn die Voraussetzungen des § 44 Abs. 4 VwVfG vorliegen, der
ganze Verwaltungsakt trotz ursprünglicher Teilrechtmäßigkeit wegen
Totalnichtigkeit aufzuheben.

Das Gericht greift durch inzidente Feststellung der Teilnichtigkeit
und der daraus nach § 44 Abs. 4 VwVfG abgeleiteten Totalnichtigkeit
auch nicht über den ihm durch die Anfechtungsklage unterbreiteten
Streitgegenstand hinaus. Mit der Totalanfechtungsklage macht der
Kläger einen Anspruch auf Aufhebung des ganzen Verwaltungsakts
geltend. In der Prüfung der gesetzlichen Voraussetzungen dieses An-
spruchs ist das Gericht nicht beschränkt, so daß es die Totalnichtigkeit
auch nach § 44 Abs. 4 VwVfG prüfen darf. Rechtskräftig entschieden
wird hingegen bei der deswegen erfolgreichen Totalanfechtung nur
über die Rechtswidrigkeit des Verwaltungsakts[196]; die Feststellung der
Totalnichtigkeit erwächst nicht in Rechtskraft, wenn nicht der Kläger
seinen Aufhebungsantrag entsprechend ändert.

3. Zwischenergebnis

Entgegen der herrschenden „Willenstheorie" entscheidet bei Totalanfechtung über die Frage totaler oder teilweiser Aufhebung eines nur
teilweise rechtswidrigen Ermessensaktes nicht der mutmaßliche Behördenwille. Wenn der Restverwaltungsakt rechtmäßig ist, d. h. isoliert
erlassen werden durfte, darf er nicht aufgehoben werden; auf den
mutmaßlichen Behördenwillen kommt es nicht an. Darin stimmt die

---

[196] Und über die Rechtsverletzung des Klägers.

hier vertretene Auffassung mit dem Ergebnis von *W. Martens* und *Erichsen*[197] überein. Der Umfang der Aufhebung ergibt sich allein aus § 113 Abs. 1 S. 1 VwGO und im Falle der Teilanfechtung auch aus § 88 VwGO. Daran hat § 44 Abs. 4 VwVfG, der nur auf teilweise nichtige und vernichtete Verwaltungsakte anwendbar ist, nichts geändert. Er entkräftet jedoch den Einwand, daß bei Nichtbeachtung des mutmaßlichen Behördenwillens im Aufhebungsprozeß eine zwar rechtmäßige, aber nach Auffassung der Verwaltung unzweckmäßige Entscheidung erhalten bleibe[198]. Das Verwaltungsgericht greift nicht in den Ermessensbereich der Behörde ein, da mit Eintritt der Rechtskraft des teilaufhebenden Urteils § 44 Abs. 4 VwVfG anwendbar wird.

---

[197] s. oben II. 1.
[198] Vgl. oben II. 1. bei Fn. 146 und Fn. 147.

Dritter Teil

Selbstentscheidung und Zurückverweisung

A. Einleitung

Die Berücksichtigung des mutmaßlichen Behördenwillens gemäß der „Willenstheorie"[199] bei teilweiser Aufhebung eines Ermessensaktes ist nicht nur falsch; außerdem fragt sich, ob es ihrer überhaupt bedarf. Wenn die „Willenstheorie" eine gerichtliche Bevormundung der Behörde verhindern will, kann sie nicht von folgendem Verständnis der Teilkassation ausgehen: Wenn bei einer Totalanfechtung das Gericht den Verwaltungsakt teilweise aufhebt und teilweise bestätigt, enthält der bestätigte fehlerfreie Teilakt nicht die abschließende Regelung des verwaltungsrechtlichen Falles; die Behörde kann den aufgehobenen fehlerhaften Teil durch einen neuen rechtmäßigen ersetzen und bestimmt dadurch die endgültige Regelung. Nach dieser Auffassung von Teilkassation würde letztlich immer der Behördenwille entscheiden, auch ohne daß es dessen ausdrücklicher Berücksichtigung gemäß der „Willenstheorie" oder[200] gemäß § 44 Abs. 4 VwVfG bedürfte.

Die Gefahr, daß der Verwaltung trotz ihrer Ermessensfreiheit ein Verwaltungsakt in der durch die gerichtliche Teilaufhebung bestimmten Form „aufgenötigt" wird, besteht nur, wenn der durch das Gericht bestätigte Teil des Verwaltungsakts die endgültige Regelung darstellt[201]. Bei dieser Art von Teilkassation soll nach der Auffassung von *Bettermann*[202] das verwaltungsgerichtliche Urteil nicht mehr kassato-

---

[199] s. oben Zweiter Teil B. I.

[200] Zum Unterschied zwischen der „Willenstheorie" und der Regelung des § 44 Abs. 4 VwVfG s. oben Zweiter Teil B. III.

[201] *Forsthoff* (VerwR Allg. Teil S. 250) fordert, bei einem „teilweise fehlerhaften Verwaltungsakt" dürfe dessen fehlerhafter Teil nicht aufgehoben werden, wenn der Behörde dadurch „ein Verwaltungsakt aufgenötigt" würde. Positiv wird formuliert, eine Teilaufhebung könne nur erfolgen, wenn „die Behörde den Verwaltungsakt auch mit dem unbeanstandet gebliebenen Inhalt erlassen hätte" (*Klinger* VwGO § 113 Anm. B. 2.). Ob dieser Inhalt „bleibt" im Sinne einer endgültigen Entscheidung und deshalb der Behörde durch eine teilweise Kassation „ein Verwaltungsakt aufgenötigt" werden kann, wird von den Vertretern der „Willenstheorie" nicht untersucht.

[202] Ausführlich *Bettermann*, Wacke-Festschrift S. 241; ähnlich *Hinderling* S. 32; ebenso bezeichnet *Ress* diese von der h. L. vorgenommene Teilkassation

rischer, sondern reformatorischer Natur sein. Die Berechtigung der
Bedenken, welche die herrschende Meinung gegen die teilweise Aufhebung eines Ermessensaktes vorbringt, müssen also außerdem unter
dem Gesichtspunkt betrachtet werden, ob sie sich nicht, statt gegen die
Nichtbeachtung des Behördenwillens, in Wahrheit gegen etwas anderes
richten: gegen die Endgültigkeit der Regelung, die nach einem teilaufhebenden Urteil verbleibt.

Vorweg kann gesagt werden, daß bei einem reformatorischen Urteil
jedenfalls die Berücksichtigung des mutmaßlichen Behördenwillens fehl
am Platz ist: Der Verwaltungswille kann nur bei Ermessensentscheidungen Beachtung finden. Zur Reformation ist das Gericht aber nur
befugt, wenn ihm die eigene Festsetzung oder Feststellung[203] *keine*
Ermessensausübung abverlangt, es sich also um eine gebundene Entscheidung handelt[204].

Im folgenden wird zunächst untersucht, wodurch sich eine reformatorische Entscheidung auszeichnet (B. und C.). Anschließend ist die
Zulässigkeit reformatorischer Entscheidungen im Anfechtungsprozeß zu
beurteilen (D.), insbesondere die Zulässigkeit einer Teilaufhebung, wenn
aus den Kassationsgründen hervorgeht, daß der bestätigte Teil die
einzig richtige und daher endgültige Regelung des Falles darstellt.

B. Gerichtliche Selbstentscheidung in der Sache

I. Selbstentscheidung des Rechtsmittelgerichts

Zur Klärung des Verhältnisses von Teilkassation und Reformation
von Abgabenbescheiden[205] verweist *Bettermann*[206] darauf, wodurch sich
Kassation und Reformation von gerichtlichen Entscheidungen unterscheiden[207]. Das reformatorische Urteil des Obergerichts „ersetzt" die
angefochtene Entscheidung des Untergerichts, das infolgedessen nicht
mehr zu entscheiden hat. Dagegen hebt das kassatorische Urteil die

---

als in Wahrheit reformatorisch, *Ress* S. 172 Fn. 278, vgl. oben Zweiter Teil
B. II. 2.

[203] Vgl. § 113 Abs. 2 VwGO, § 100 Abs. 1 S. 1 FGO.

[204] h. M., *Bettermann*, Wacke-Festschrift S. 238 ff.; BVerwG DÖV 1956, 505;
Schunck / De Clerck § 113 Anm. 2. d); weitere Nachweise bei *Eyermann /
Fröhler* § 113 Rdnr. 57; anderer Auffassung Bay.VwGH vom 12. 2. 1959
BayVBl 1959, 195 mit ablehnender Anm. *Linder*. Weitere Ausführungen zur
Reformation von Ermessensakten unter Vierter Teil A.

[205] s. oben vor Fn. 14.

[206] *Bettermann*, Wacke-Festschrift S. 243 ff.

[207] Vgl. auch *Bettermann* DVBl 1961, 65 ff.

angefochtene Entscheidung „ersatzlos" auf, so daß der iudex a quo erneut entscheiden muß, an den deshalb der Rechtsstreit zurückverwiesen wird[206]:

Im Revisionsrecht ist die Befugnis des Gerichts, reformatorisch zu entscheiden, in die Formulierung gekleidet, daß das Gericht „in der Sache selbst entscheidet"[208]. Regelmäßig ist das Revisionsgericht bei begründeter Revision darauf beschränkt, das angefochtene Urteil zu kassieren und die Sache, d. h. den Rechtsstreit, an die Vorinstanz zurückzuverweisen. Ist aber die Sache entscheidungsreif, so muß es „in der Sache selbst entscheiden". In diesem Fall entscheidet das Revisionsgericht bei der Revision gegen ein Berufungsurteil selbst an Stelle des Berufungsgerichts über die Berufung, bei Revision gegen ein erstinstanzliches Urteil[209] über die Klage. Das „selbst" in der gesetzlichen Formel „in der Sache selbst entscheiden" bezieht sich nicht (nur) auf die „Sache", sondern in erster Linie auf das „entscheiden". Das Selbstentscheiden erfolgt statt des Zurückverweisens, die Entscheidung in der Sache selbst ist die Alternative zur Aufhebung und Zurückverweisung. Die reformatorische Entscheidung als eine[210] Möglichkeit der Selbstentscheidung in der Sache steht im Gegensatz zur bloß kassatorischen Entscheidung — genauer: Kassation plus Reformation stehen im Gegensatz zur Kassation plus Revolvierung der Sache[211].

Dieser Unterschied zwischen kassatorischen und reformatorischen Revisionsentscheidungen begegnet auch bei der Berufung; dort ist jedoch im Gegensatz zur Revision die Reformation die gesetzliche Regel[212].

II. Selbstentscheidung des Verwaltungsgerichts im Anfechtungsprozeß

Die Unterscheidung, ob das Rechtsmittelgericht die Sache, d. h. den Rechtsstreit, selbst entscheidet oder die angefochtene Entscheidung aufhebt und die Sache zur erneuten Entscheidung durch die Vorinstanz zurückverweist, läßt sich auch auf die gerichtliche Anfechtung von Verwaltungsakten übertragen: Die „Sache", in der das Verwaltungsgericht selbst entscheidet oder die es durch Aufhebung des angefochtenen Veraltungsakts zurückverweist, ist der im Verwaltungsakt geregelte „Einzelfall" (§ 35 S. 1 VwVfG)[213]. Dieses Verständnis der For-

---

[208] Vgl. § 565 Abs. 3 ZPO, § 354 Abs. 1 StPO, § 144 Abs. 3 Nr. 1 VwGO, § 126 Abs. 3 Nr. 1 FGO, § 170 Abs. 2 S. 2 SGG.

[209] Also bei der Sprungrevision.

[210] Eine weitere gesetzlich geregelte Entscheidung in der Sache ist die Zurückweisung der begründeten Revision gemäß § 563 ZPO, s. oben vor Fn. 33.

[211] *Bettermann* DVBl 1961, 65 f.

[212] Vgl. §§ 537 - 540 ZPO, §§ 128, 130 VwGO, § 328 StPO, §§ 157, 159 SGG.

mel „in der Sache selbst entscheiden" liegt zugrunde in § 100 Abs. 2 S. 2 FGO und in § 42 Abs. 4 S. 2 des österreichischen Verwaltungsgerichtshofgesetzes[214].

1. § 100 Abs. 2 S. 2 FGO

Für die Finanzgerichtsbarkeit regelt § 100 Abs. 2 FGO, wann das Gericht über die Anfechtungsklage reformatorisch oder kassatorisch entscheidet. Satz 1 ermächtigt das Gericht, den „anderen", d. h. rechtmäßigen, Betrag selbst festzusetzen. Im Anschluß an diese Ermächtigung bestimmt Satz 2, daß das Finanzgericht unter bestimmten Voraussetzungen den Verwaltungsakt und die Entscheidung über den außergerichtlichen Rechtsbehelf aufheben kann, „ohne in der Sache selbst zu entscheiden". Die „Sache" ist der in dem angefochtenen Verwaltungsakt geregelte Fall, also die streitige Steuerschuld oder der streitige „Betrag", den das Gericht nach § 100 Abs. 2 S. 1 FGO und § 113 Abs. 2 VwGO „selbst festsetzen" kann.

Entgegen einer verbreiteten Auffassung[215] ist die Entscheidung „in der Sache selbst" nicht bedeutungsgleich mit der gerichtlichen Sachentscheidung als Gegenbegriff zur Prozeßentscheidung. Auch die Aufhebung, „ohne in der Sache selbst zu entscheiden", gemäß § 100 Abs. 2 S. 2 FGO ist ein Sachurteil[216], genauso wie das Revisionsurteil nach §§ 564, 565 Abs. 1 ZPO.

Dagegen bezeichnet in den Berufungsvorschriften der §§ 130 Abs. 1 Nr. 1 VwGO, 159 Abs. 1 Nr. 1 SGG die „Entscheidung in der Sache selbst" den Gegensatz zum Prozeßurteil. „Sache" ist dort gleich Hauptsache oder Streitgegenstand[217]. In der Sache selbst ist noch nicht entschieden, wenn nicht über die Begründetheit, sondern nur über die Zulässigkeit der Klage geurteilt wurde. Die Nr. 1 in den genannten Vorschriften setzt also immer ein Prozeßurteil als Anfechtungsgegenstand der Berufung voraus. Daß diese Bedeutung des Begriffs „Sache" § 100 Abs. 2 S. 2 FGO nicht zugrunde liegt, ergibt sich aus zwei Gründen: Zum einen ist die Entscheidung gemäß § 100 Abs. 2 S. 2 FGO kein Prozeßurteil. Auch wenn das Finanzgericht den Verwaltungsakt aus formellen Gründen aufhebt, also wegen Verfahrensfehlern[218], so weist das Gericht die Klage nicht wegen Fehlens von Sachurteilsvorausset

---

[213] Vgl. *Bettermann*, Ipsen-Festschrift S. 281; *derselbe*, Wacke-Festschrift S. 244.

[214] Österr. Verwaltungsgerichtshofgesetz 1965 — VwGG 1965, Wiederverlautbarung des Verwaltungsgerichtshofgesetzes 1952, BGBl 1965 Nr. 2, S. 289.

[215] *Donner* S. 149 m. w. N. in Fn. 497.

[216] Unrichtig *Woerner* BB 1967, 1466.

[217] *Bettermann* DVBl 1961, 65 (66).

[218] Verfahrensfehler im weiten Sinne, vgl. *Bettermann*, Ipsen-Festschrift S. 271 f.

zungen als unzulässig ab[219], sondern es prüft den Verwaltungsakt auf seine Rechtmäßigkeit, und zwar die formellrechtliche wie die materiellrechtliche. Die Unterscheidung von formeller und materieller Rechtswidrigkeit eines Verwaltungsakts hat mit dem Unterschied von Sach- oder Prozeßurteil nichts, aber auch gar nichts zu tun[220]. Daß § 100 Abs. 2 FGO mit dem Wort „Sache" nicht die „Hauptsache" oder den Streit- gegenstand meint, zeigt sich außerdem darin, daß über den Aufhebungs- oder Änderungsantrag des Klägers auch durch bloße Kassation gemäß § 100 Abs. 2 S. 2 FGO entschieden und ihm stattgegeben wird, nicht nur durch Reformation nach Satz 1[221]. In § 100 Abs. 2 S. 2 FGO ist mit der Selbstentscheidung also, wie im Rechtsmittelrecht, die nicht nur auf- hebende, sondern ersetzende Entscheidung gemeint.

Einen Fall solcher Selbstentscheidung im Sinne von Satz 2 behandelt Satz 1. Das Finanzgericht regelt die streitige steuerrechtliche Beziehung selbst endgültig. Es klärt selbst bis zu Ende auf und setzt den richtigen Betrag fest. Wie bei § 113 Abs. 2 VwGO handelt es sich um eine Durch- brechung des Kassationsprinzips[222]. Demgegenüber wird bei einem Urteil gemäß § 100 Abs. 2 S. 2 FGO der Steuer*fall* nicht durchentschie- den. Seine Erledigung bleibt Aufgabe des Finanzamtes. Das Gericht überprüft nur den Steuer*bescheid* auf seine Rechtmäßigkeit und hebt ihn auf, soweit er rechtswidrig ist; das Gericht iudiziert nur über den Verwaltungsakt, nicht auch „in der Sache", d. h. über den Steuerfall. Die Kassation ist eine nur auf den Verwaltungs*akt* bezogene Entschei- dung, die Reformation eine auch auf die Verwaltungs*sache* bezogene Entscheidung[223].

2. § 42 Abs. 4 S. 2 österr. VwGG

Auch die österreichische Verwaltungsgerichtsbarkeit kennt den Ter- minus „sachlich" oder „in der Sache selbst". Dafür verwendet die Lite- ratur den Ausdruck „meritorisch"[224]. Als „meritorisch" werden jene

---

[219] Vgl. *Ule*, VerwPrR § 54 I.: Im Sachurteil kommt die Zulässigkeit der Klage zum Ausdruck; ein Prozeßurteil liegt vor, wenn die Klage wegen Fehlens von Sachurteilsvoraussetzungen als unzulässig abgewiesen wird; vgl. *Rosenberg / Schwab* § 134 I. 2. a, b; a. A. wohl *Jauernig* ZPR § 59 I, der auch die Aufhebung und Zurückverweisung durch das Rechtsmittelgericht (§§ 539, 565 Abs. 1, 575 ZPO) zu den Prozeßurteilen rechnet; Sachurteil wäre in diesem Fall nur die Entscheidung, die den Rechtsstreit erledigt.

[220] a. A. *Donner* S. 149.

[221] *Bettermann*, Wacke-Festschrift S. 243 f.

[222] *Tipke / Kruse* FGO § 100 Rdnr. 6; *Hübschmann / Hepp / Spitaler* FGO § 100 Rdnr. 62. Zum bedeutsamen Unterschied zwischen § 100 Abs. 2 FGO und § 113 Abs. 2 VwGO vgl. unten Vierter Teil B.

[223] *Ress*, Die Entscheidungsbefugnis, ordnet sämtliche verwaltungsgericht- lichen Entscheidungen danach, ob in ihnen eine nur auf den Verwaltungs*akt* bezogene Entscheidungsbefugnis oder eine auch auf die Verwaltungs*sache* be- zogene Entscheidungsbefugnis zum Ausdruck kommt.

Erkenntnisse der Verwaltungsgerichte bezeichnet, die sich mit der Verwaltungssache selbst befassen. Angeknüpft wird nicht an den Streitgegenstand des Verwaltungsprozesses, sondern an die Verwaltungssache, wie sie der Behörde zur Regelung vorgelegen hat[225]. Über die Säumnisbeschwerde gemäß § 42 Abs. 4 S. 2 österr. VwGG[226] entscheidet der Verwaltungsgerichtshof „durch Erkenntnis in der Sache selbst"[227]. Das Urteil befaßt sich vollinhaltlich mit der ganzen Verwaltungsangelegenheit „und nicht nur mit einer Emanation wie dem Verwaltungsakt"[228]. Demgegenüber wird die Wirkung des aufhebenden Urteils in § 42 Abs. 3 österr. VwGG wie folgt beschrieben: „Durch die Aufhebung des angefochtenen Bescheides ... tritt die Rechtssache in die Lage zurück, in der sie sich vor Erlassung des angefochtenen Bescheides befunden hatte." Der verwaltungsrechtliche Fall war vor Erlaß des angefochtenen Verwaltungsakts ungeregelt, und er wird es nach dessen Aufhebung wieder: das Aufhebungsurteil entscheidet ihn nicht.

C. Behördliche Neuregelung der Verwaltungssache

Jede Verwaltungssache, deren behördliche Regelung Streitgegenstand eines Anfechtungsprozesses geworden ist, muß einmal endgültig entschieden werden: entweder durch das Gericht oder durch die Behörde. Wenn schon das Gericht selbst in der Sache entscheidet, bleibt der Behörde keine Entscheidungsmöglichkeit. Wenn aber das Gericht nur kassiert, d. h. durch bloße Aufhebung der angefochtenen Entscheidung und Zurückverweisung die Sache selbst nicht regelt, ist die Behörde zur endgültigen Sachentscheidung befugt. Wenn also die Behörde nach dem Urteil im Anfechtungsprozeß den Fall erneut entscheiden kann oder muß, hat das Gericht bloß kassatorisch entschieden.

Nach der Kassation einer gerichtlichen Entscheidung im Rechtsmittelverfahren besteht für das Untergericht ein Zwang zur Neuentscheidung.

---

[224] Andere Autoren verwenden in gleicher Bedeutung die Begriffe „meritum" und „merital"; *L. Adamovich,* Handbuch des österreichischen Verwaltungsrechts, I. Band, Wien 1954, S. 140; *Winkler,* Die Entscheidungsbefugnis des österreichischen Verwaltungsgerichtshofes im Lichte der Gewaltentrennung, in Staatsbürger und Staatsgewalt, Jubiläumsschrift, herausgegeben von Külz und Naumann, Bd. I 1963, S. 279 ff. (298); *Hinderling* S. 31 Fn. 10; *Ress* S. 19 (m. w. N.): „Die reformatorische Entscheidung ist ein Unterfall der meritorischen"; dazu *derselbe* S. 125.

[225] *Ress* ebd. S. 19; *Ringhofer,* Der Verwaltungsgerichtshof, Graz 1955.

[226] Die österreichische Säumnisbeschwerde ist mit der deutschen Verpflichtungsklage bei Untätigkeit der Verwaltung in Grenzen vergleichbar (*Ress* S. 206 f.).

[227] Der Satz lautet weiter: „... wobei er auch das sonst der Verwaltungsbehörde zustehende freie Ermessen handhabt." Vgl. dazu unten Vierter Teil A.

[228] *Ress* S. 19 und S. 179.

„Der iudex a quo muß nach der Aufhebung und Zurückverweisung den Rechtsstreit erneut verhandeln und entscheiden, wenn und weil — und soweit und solange — die Klage noch anhängig ist[229]." Bei antragsunabhängigen, z. B. belastenden Verwaltungsakten, kann nach der verwaltungsgerichtlichen Aufhebung des Verwaltungsakts eine Neuentscheidung erforderlich oder entbehrlich sein[229]. Damit ist die nach außen wirkende Neuregelung, d. h. durch Verwaltungsakt, gemeint, von der die Behörde absehen kann. Neuerlich entscheiden *muß* die Behörde nach der Kassation darüber, ob es bei der durch die (Teil)-Aufhebung geschaffenen Rechtslage hinsichtlich des verwaltungsrechtlichen Falles bleiben soll und darf[230] oder nicht[231]. Das kassatorische Anfechtungsurteil läßt der Behörde das „letzte Wort"[232].

Bei Ermessensakten kann die Behörde ihr „letztes Wort" auch derart ausüben, daß sie es aus außerbehördlicher Sicht betrachtet nicht ausübt und schweigt. Beispiel: Die Behörde hat bei Anforderung der Gebrauchsüberlassung eines Kraftfahrzeuges nach § 2 Abs. 1 Nr. 1 Bundesleistungsgesetz die nach § 3 Abs. 3 BLG erforderliche Abwägung zwischen den Interessen der Allgemeinheit und des Beteiligten (X) nicht vorgenommen. Wegen fehlerhafter Ermessensausübung (Ermessens-„unterschreitung") hebt das Gericht deshalb den angefochtenen Verwaltungsakt total auf. Hier darf die Behörde nach sachgerechter Abwägung gemäß § 3 Abs. 3 BLG denselben Verwaltungsakt erneut erlassen; dadurch würde sie auch nach außen sichtbar das „letzte Wort" sprechen. Sie kann ihr Ermessen aber auch dahingehend ausüben, daß sie an Stelle der kassierten Regelung keine Neuregelung trifft; z. B. ist sie inzwischen zu der Überzeugung gelangt, daß ein anderer Kraftfahrzeugtyp eines anderen Eigentümers für ihre Zwecke vorteilhafter ist. Damit ist für die Behörde der Fall, der dem angefochtenen Verwaltungsakt zugrunde lag (Anforderung eines Kraftfahrzeuges von X), erledigt. Durch die, wenn auch nur verwaltungsinterne, Entscheidung hat die Behörde das „letzte Wort" ausgeübt.

In gleicher Weise kann die Behörde verfahren, wenn das Gericht den angefochtenen Verwaltungsakt nicht total, sondern nur teilweise auf-

---

[229] *Bettermann*, Wacke-Festschrift S. 241.

[230] In diesem Fall ergeht aus außerbehördlicher Sicht betrachtet keine behördliche Neuregelung. Es handelt sich um eine behördeninterne Entscheidung.

[231] Vgl. § 63 Abs. 1 des österr. VwGG: „Wenn der Verwaltungsgerichtshof den angefochtenen Bescheid aufgehoben hat, sind die Verwaltungsbehörden verpflichtet, in dem betreffenden Fall mit den ihnen zu Gebote stehenden rechtlichen Mitteln unverzüglich den der Rechtsanschauung des Verwaltungsgerichtshofes entsprechenden Rechtszustand herzustellen."

[232] *Merkl*, Allg.VerwR S. 391. Auch das „letzte Wort", das die Behörde spricht, unterliegt aber wiederum gerichtlicher Anfechtung, sofern es sich um einen Verwaltungsakt handelt.

gehoben hat. Beispiel: Die Behörde hat von X nach § 2 Abs. 1 Nr. 1 BLG einen LKW und den PKW des X zur Gebrauchsüberlassung angefordert. Hinsichtlich des PKWs hat eine Abwägung gemäß § 3 Abs. 3 BLG nicht stattgefunden, so daß der angefochtene Verwaltungsakt insoweit aufgehoben wird. Die Anforderung des LKWs wird bestätigt und die Klage insoweit abgewiesen. Wie bei der Totalkassation muß sich die Behörde mit der durch das Aufhebungsurteil geschaffenen Lage nicht abfinden: sie kann unter Berücksichtigung des § 3 Abs. 3 BLG den PKW erneut anfordern, wozu sie jedoch nicht gezwungen ist[233]. Bleibt es bei dem durch das teilaufhebende Urteil bestätigten Teil des Verwaltungsakts, so gleicht dieser Fall aus außerbehördlicher Sicht der Selbstentscheidung des Gerichts: Das gerichtliche Urteil hat in beiden Fällen als letzte Entscheidung mit rechtlicher Außenwirkung die verwaltungsrechtliche Beziehung beeinflußt. Nur hat in einem Fall die Behörde keine Möglichkeit mehr, diese zu beeinflussen, weil das Gericht das „letzte Wort" gesprochen hat (gerichtliche Selbstentscheidung). Im anderen Fall hat die Behörde trotz der Möglichkeit von einer weiteren Entscheidung mit Außenwirkung abgesehen (Kassation). Sie hat den durch die gerichtliche Teilkassation umgestalteten Verwaltungsakt als eigenen akzeptiert, wie sie auch noch nach der gerichtlichen Entscheidung selbst einen solchen[234] hätte erlassen können. Die Behörde hat, indem sie nach außen passiv geblieben ist, ihr Recht zum „letzten Wort" ausgeübt. Wichtig ist, daß ihr die Möglichkeit zum „Reden" gegeben war. Wenn oben gesagt wurde, daß die Verwaltung ihr Recht zum „letzten Wort" auch durch Schweigen wahrnehmen kann, so trifft das nur für das selbstgewählte Schweigen zu.

Daß nach der Kassation eine behördliche Neuentscheidung im Sinne einer möglicherweise nur behördeninternen Entscheidung nicht entbehrlich ist[235], ergibt sich aus dem Charakter des Aufhebungsurteils. Dieses trifft noch keine Neuentscheidung im Sinne einer Regelung des Einzelfalles[236]. Durch die Teilkassation ist der Gesamtakt noch nicht endgültig umgestaltet worden. Das Gerichtsurteil hat *nicht* den Inhalt: „Nicht so, sondern so"[237]. Vielmehr läßt sich die Teilkassation aus der Sicht des Gerichts dahin formulieren: „So nicht; wie anders, weiß ich nicht"[238]. Neben der Bestätigung eines Teils durch die teilweise Klageabweisung wird der aufgehobene Teil nicht ersetzt, die künftige Ge-

---

[233] Vgl. *Bettermann*, Wacke-Festschrift S. 241.

[234] Hinsichtlich des aufgehobenen Teils hätte sie auch einen anderen Verwaltungsakt erlassen können.

[235] Vgl. oben bei Fn. 229.

[236] Einzelfall gem. § 35 S. 1 VwVfG.

[237] Vgl. oben Zweiter Teil A. 3.; das zweite „so" ist als „anders" zu verstehen.

[238] Oder: darf ich nicht endgültig bestimmen.

stalt der Gesamtregelung bleibt offen. Diese hängt noch von der Entscheidung der Behörde ab, die sich den bestätigten Teil des angefochtenen Verwaltungsaktes nunmehr als Gesamtregelung des Falles zu eigen machen kann, wenn sie die Teilkassation ersatzlos toleriert. Damit bestätigt sie ihrerseits den durch das Gericht bestätigten Teil ihres ursprünglichen Verwaltungsaktes und verleiht diesem den Charakter einer endgültigen Gesamtregelung des Falles.

D. Gerichtliche Selbstentscheidung oder behördliche Neuregelung der Verwaltungssache

Die Verwaltungsgerichtsordnungen sehen im Anfechtungsprozeß eine Sachentscheidung des Gerichts ausdrücklich vor, wenn eine Reformationsermächtigung gegeben ist, z. B. § 113 Abs. 2 VwGO, § 100 Abs. 2 S. 1 FGO. Darin liegt jedoch nicht die einzige Möglichkeit des Gerichts, über den verwaltungsrechtlichen Fall und nicht nur über dessen bisherige Regelung durch die Behörde zu entscheiden:

I. Das Verpflichtungsurteil nach § 113 Abs. 4 S. 1 VwGO (Vornahmeurteil)

Bei der Verpflichtungsklage[239], die auf „Vornahme" des beantragten Verwaltungsakts (oder der beantragten Amtshandlung) gerichtet ist (§ 113 Abs. 4 S. 1 VwGO), „befaßt"[240] sich das Verwaltungsgericht selbst vollständig mit der Verwaltungssache. Das Gericht erläßt aber nicht den begehrten Verwaltungsakt und „erledigt"[240] die Sache nicht unmittelbar an Stelle der Verwaltung. Die Klage ist nur gerichtet auf die „*Verurteilung* zum Erlaß eines abgelehnten oder unterlassenen Verwaltungsakts" (§ 42 Abs. 1 VwGO). Das Verwaltungsgericht spricht nach § 113 Abs. 4 S. 1 VwGO die „Verpflichtung" der Behörde aus, die beantragte Amtshandlung vorzunehmen. Der Kläger erlangt nur einen vollstreckbaren Titel gegen die Verwaltung, um den erstrebten Bescheid zu erhalten. Dessen Inhalt ist aber durch das Verpflichtungsurteil bereits festgelegt, so daß eine gerichtliche Sachentscheidung, wenn auch nur mittelbar, getroffen worden ist. In § 113 Abs. 4 S. 1 VwGO, § 101 S. 1 FGO ist dem Gericht eine „mittelbar meritorische Entscheidungsbefugnis"[240] eingeräumt.

Anstatt den Bürger darauf zu verweisen, einen Titel gegen die Behörde zu erstreiten, hätte der Gesetzgeber, wie bei den Reformations-

---

[239] s. *Bettermann*, Die Verpflichtungsklage nach der Bundesverwaltungsgerichtsordnung, NJW 1960, 649.
[240] *Ress* S. 133.

ermächtigungen, so auch in § 113 Abs. 4 S. 1 VwGO dem Gericht die unmittelbare Entscheidung in der Sache gestatten können, ohne daß sich sachlich etwas geändert hätte. Die Wirkungen eines solchen Urteils würden nicht weiter gehen als beim Vornahmeurteil gemäß § 113 Abs. 4 S. 1 VwGO, da das Gericht in beiden Entscheidungen selbst den ganzen verwaltungsrechtlichen Fall subsumiert und die notwendigen Rechtsfolgen bestimmt.

II. Die „konfirmatorische" Entscheidung

Nicht nur auf eine Vornahmeklage, sondern auch auf eine Leistungsklage kann eine „mittelbar meritorische" Entscheidung ergehen: das Leistungsurteil nach § 113 Abs. 3 VwGO. Außerdem gibt es im Anfechtungsprozeß „unmittelbar meritorische" Entscheidungen, die nicht auf Grund von Reformationsermächtigungen wie § 113 Abs. 2 VwGO, § 100 Abs. 2 S. 1 FGO ergehen und trotzdem den verwaltungsrechtlichen Fall endgültig regeln:

Der Behörde ist eine Neuentscheidung des Falles verwehrt, wenn das Gericht den angefochtenen rechtswidrigen Verwaltungsakt wegen ergebnismäßiger Richtigkeit bestätigt hat[241]. Im Revisionsrecht regeln §§ 563 ZPO, 144 Abs. 4 VwGO einen solchen Fall, wo die Revision zwar wegen Gesetzesverletzung begründet, aber im Ergebnis erfolglos ist[242] und deshalb zurückgewiesen wird. Wenn das Revisionsgericht von einer Zurückverweisung des Rechtsstreits absieht, weil die angefochtene Entscheidung im Ergebnis richtig ist, dann hat es selbst in der Sache, d. h. über die Berufung, entschieden. Das Berufungsgericht darf nicht mehr neu entscheiden.

So verhält es sich auch im Anfechtungsprozeß, wenn ein gebundener Verwaltungsakt an Verfahrensmängeln leidet oder wenn mehrere Sachfehler sich kompensieren, so daß der Verwaltungsakt im Ergebnis richtig ist. Das Verwaltungsgericht ermittelt zunächst selbst die richtige verwaltungsrechtliche Regelung und vergleicht sie mit dem angefochtenen Verwaltungsakt; wenn beide im Ergebnis übereinstimmen, weist es die Anfechtungsklage trotz Rechtswidrigkeit wegen Ergebnisrichtigkeit des Verwaltungsakts ab und bestätigt ihn damit.

Obwohl das Gericht im Ergebnis, und darauf kommt es dem Betroffenen an, keine Änderung des Verwaltungsaktes vornimmt, entscheidet das Gericht selbst den verwaltungsrechtlichen Fall endgültig. Darin stimmt diese Entscheidung mit der Reformation überein; beide

---

[241] s. oben bei Fn. 31. Das Verwaltungsgericht hat die Anfechtungsklage durch Sachurteil abgewiesen.

[242] *Bettermann* ZZP 88 (1975), 365 (372 - 378); *derselbe*, Ipsen-Festschrift S. 271 ff. (285 ff.).

Entscheidungen sind „meritorisch". Wenn man den Begriff der Reformation auf die Fälle beschränkt, in denen ein „anderer" Betrag festgesetzt oder die angefochtene Feststellung durch eine „andere" ersetzt wird, so ist die Bestätigung des Verwaltungsakts wegen Ergebnisrichtigkeit eine „Konfirmation"[243]. Die oben[244] zur Kennzeichnung einer Abänderung gebrauchte Kurzformel „Nicht so, sondern anders" trifft hier nur auf die Begründung zu. Die Kurzformel der „Konfirmation" lautet: „Im Endergebnis jedenfalls so."

Eine Selbstentscheidung durch „Konfirmation" ist dem Gericht bei Ermessensakten versagt: So darf z. B. § 46 VwVfG das Gericht nicht zur Bestätigung eines Ermessensaktes verleiten, der zwar an einem Verfahrensfehler leidet, den die Behörde nach gerichtlicher Auffassung aber auch im rechtmäßigen Verfahren hätte erlassen *können*. Damit würde das Gericht die behördliche Ermessensausübung durch seine eigene ersetzen. Nur wenn die Behörde im Ergebnis keine andere als die angefochtene Entscheidung erlassen *durfte*, ihr also keine Ermessensfreiheit eingeräumt war, ist § 46 VwVfG anwendbar[245]. Ob „keine andere Entscheidung in der Sache hätte getroffen werden können" (im Sinne von „dürfen"), ist nicht abstrakt, sondern für den konkreten Einzelfall zu beurteilen[246]. „Wenn in concreto das Ermessen ‚auf Null reduziert' ist", kommt § 46 VwVfG zum Zuge[246].

III. Die „meritorische" Totalkassation

Eine „meritorische" Entscheidung, d. h. eine Regelung des verwaltungsrechtlichen Einzelfalles (§ 35 S. 1 VwVfG) durch das Gericht selbst, kann im Anfechtungsprozeß nicht nur als Reformation oder „Konfirmation" ergehen, sondern auch als Totalkassation. Zu unterscheiden sind die „echte" und die „meritorische" Totalkassation:

1. Gemäß § 113 Abs. 1 S. 1 VwGO darf und muß das Gericht bei Totalanfechtung den insgesamt rechtswidrigen Verwaltungsakt total aufheben. Handelt es sich um einen Ermessensakt, so kommt nur eine totale Kassation von der Art in Betracht, wie sie oben (C.) dargelegt wurde. Diese bezeichnen wir als „echte" Totalkassation: Das Kassationsurteil hindert die Behörde nicht, den Fall erneut so zu entscheiden, wie es im angefochtenen und kassierten Bescheid geschehen war. Denn trotz Bindung an die Kassationsgründe darf und muß sie ihr Ermessen erneut ausüben. Dieser der Behörde noch zustehende Ermessensspiel-

---

[243] Vgl. *Bettermann* ZZP 88 (1975), 365 (375).

[244] Zweiter Teil A. 3.

[245] *Bettermann*, Ipsen-Festschrift S. 276.

[246] *Bettermann* ebd. S. 277 f.; a. A. *Meyer* in Meyer / Borgs-Maciejewski § 46 Rdn. 19.

raum schließt es aus, daß das Kassationsurteil den Fall endgültig
regelt; die angefochtene rechtswidrige Verwaltungsentscheidung ist
vom Verwaltungsgericht nicht durch eine rechtmäßige ersetzt worden.
Der Fall wird durch das Kassationsurteil zur erneuten Ermessensausübung an die Behörde revolviert, genauso wie beim Bescheidungsurteil
(§ 113 Abs. 4 S. 2 VwGO) das Gericht nicht in den Ermessensspielraum
eingreifen darf. § 114 VwGO gilt für Abs. 1 und Abs. 4 des § 113 VwGO
in gleicher Weise. Diese „echte" Totalkassation läßt dem magistratus
a quo das „letzte Wort" in der „Sache", so wie bei Kassation einer
gerichtlichen Entscheidung der iudex a quo das „letzte Wort" behält,
bzw. wieder erhält. Obwohl die Behörde auch während des Anfech-
tungsverfahrens grundsätzlich den Verwaltungsakt zurücknehmen,
widerrufen oder abändern kann, erhält sie die Befugnis, das „letzte
Wort" auszuüben, erst wieder durch die „echte" Kassation. Insoweit
kann man diese auch als „zurückverweisende" Kassation im Gegensatz
zur „selbstentscheidenden" Kassation bezeichnen[247]. Nur eine solche
„echte" Totalkassation und keine „meritorische" Entscheidung kommt
in Betracht, wenn letztere eine gerichtliche Ermessensausübung erfor-
dern würde. Beispiel: Eine polizeiliche Abbruchverfügung wird aufgehoben, weil der Einsturzgefahr des Gebäudes mit milderen Mitteln
begegnet werden könne. Die Wahl des milderen Mittels ist Aufgabe
der Behörde. Die Kurzformel der „echten" Totalkassation lautet: „So
nicht; wie anders, weiß ich nicht"[238].

2. § 113 Abs. 1 S. 1 VwGO gestattet aber auch eine „meritorische"
Totalkassation: Zu unterscheiden ist die inhaltliche Zulässigkeit einer
„meritorischen" Entscheidung von der Frage, ob diese auch in der
äußeren Form einer Totalkassation ergehen darf.

Beispiel: Die polizeiliche Abbruchverfügung wird aufgehoben, weil
das Gebäude nicht einsturzgefährdet sei. Wie oben an Hand des Ver-
pflichtungsurteils und des „konfirmatorischen" Anfechtungsurteils ge-
zeigt wurde, darf das Gericht selbst in der Sache entscheiden, wenn
ihm dadurch keine eigene Ermessensausübung abverlangt wird. Das
ist in unserem Beispiel nicht der Fall: Der Erlaß einer polizeilichen
Abbruchverfügung beruht zwar auf ordnungsbehördlicher Ermessensausübung; es kommt aber darauf an, ob das Gericht bei seiner „meritorischen" Totalaufhebung wirklich behördliches Ermessen ersetzt. Der
Begriff „Ermessensakt" ist zur Beantwortung dieser Frage zu ungenau.
Auch Ermessensakte können Rechtsentscheidungen beinhalten, die das
Gericht überprüfen und ersetzen darf: In obigem Beispiel liegt der
Fehler der Behörde in der Beurteilung der Polizeigefahr (Einsturz-
gefahr). Diesen unbestimmten Gesetzesbegriff hat die Rechtsprechung

---

[247] Vgl. zum Revolutiveffekt der (echten) Kassation *Bettermann*, Wacke-
Festschrift S. 241.

„weitgehend objektiv bestimmt gemacht"[248]. An diese „Bestimmungen"
sind die Verwaltungsbehörden gebunden, so daß ihnen kein Beurtei-
lungsspielraum zusteht[249]. Zur Abwehr der Einsturzgefahr konnte die
Behörde ein Ermessen nur auf der Rechtsfolgenseite, nicht aber bei
Feststellung des Tatbestandes ausüben. Ob das Gebäude einsturzgefährdet ist und deshalb eine Polizeigefahr vorliegt, kann und muß
das Gericht selbst entscheiden. Mit dem Anfechtungsurteil, das den
Verwaltungsakt mangels Polizeigefahr aufhebt, ist der Fall, den die
Behörde durch die Abbruchverfügung regeln wollte, jedenfalls zur Zeit
erledigt. Da das Gericht in einer Rechts- und nicht in einer Ermessens-
frage entschieden hat, durfte es „meritorisch" urteilen. Dieses Aufhebungsurteil hat den Inhalt: „Nicht so, sondern so".

Es bleibt die Frage, ob das Gericht eine Selbstentscheidung in der
Sache auch durch eine Totalkassation treffen darf. Absatz 1 S. 1 des
§ 113 VwGO behandelt die „Aufhebung" eines Verwaltungsaktes im
Gegensatz zu dessen „Änderung" gemäß Absatz 2. Damit ist nicht gesagt, daß eine gerichtliche Selbstentscheidung nur nach Absatz 2 ergehen darf. Die reformatorische Entscheidung ist „ein Unterfall der
meritorischen"[250]. Absatz 1 Satz 1 trifft keine Regelung darüber, ob die
Aufhebungsgründe eine behördliche Neuregelung möglich lassen
(„echte" Totalkassation) oder unmöglich machen („meritorische" Totalkassation). Die Gründe müssen lediglich den Tenor des Aufhebungsurteils tragen. Absatz 1 Satz 1 ermöglicht (und fordert) also auch dann
die Totalkassation eines total rechtswidrigen Verwaltungsakts, wenn
aus den Aufhebungsgründen der „meritorische" Charakter des Urteils
hervorgeht.

IV. Die „reformatorische" Teilkassation

Der Unterschied zwischen (echter) kassatorischer und „meritorischer"
Aufhebung eines Verwaltungsakts wird auch bei der Teilaufhebung
relevant. Folgender Sachverhalt[251] verdeutlicht die zwei verschiedenen
Arten von teilkassierenden Urteilen: Bei Totalanfechtung eines Abgabenbescheides von 1000 DM hält das Gericht den Bescheid in Höhe
von 600 DM für rechtmäßig und bestätigt den Verwaltungsakt insoweit.
Der Urteilstenor lautet: „Der Abgabenbescheid wird in Höhe von
400 DM aufgehoben und die Klage im übrigen abgewiesen." Das Gericht begründet die Teilaufhebung wie folgt:

---

[248] *Wolff / Bachof* VerwR I § 31 I. c) 2.; vgl. *Drews / Wacke / Vogel / Martens,*
Gefahrenabwehr (Allgem. Polizeirecht) 8. Aufl. 1975 Bd. 1 § 9,3. b) S. 270;
Ule / Rasch Band III 1. Halbbd. (Polizeirecht) § 24 Rdnr. 12.

[249] Vgl. *Wolff / Bachof* ebd. § 31 I c) 2.

[250] *Ress* S. 19.

[251] Beispiel bei *Bettermann,* Wacke-Festschrift S. 242.

1. Der Kläger schulde jedenfalls 600 DM; hinsichtlich der weiteren 400 DM seien „der Behörde Fehler unterlaufen, ohne daß das Gericht in der Lage sei, selbst (und schon jetzt) zu entscheiden, ob und wieviel der Kläger" über 600 DM hinaus schulde[252].

Die gerichtliche Entscheidung hat den Inhalt: „So(viel) nicht; wie(viel), weiß ich nicht". Über den richtigen Betrag entscheidet erneut die Behörde, die das „letzte Wort" spricht. Die Angelegenheit, die am Anfang des Verfahrens Verwaltungssache war, erreicht auf einem Umweg über die Justiz, die das weitere Verwaltungsverfahren beeinflußt, auch das Ziel des Verfahrens als Verwaltungssache[253]. Eine solche Teilaufhebung nach § 113 Abs. 1 S. 1 VwGO ist als „echte" Teilkassation[254] zu bezeichnen.

2. Alternative: Bei gleichem Urteilstenor begründet das Gericht seine Teilkassation damit, daß die gesetzliche Abgabenschuld des Klägers nur 600 DM betrage, nicht mehr und nicht weniger: Dann muß die Behörde es bei dem auf 600 DM reduzierten Erstbescheid belassen.

Diese Entscheidung hat den Inhalt: „Nicht so(viel), sondern so(viel)". Das Gericht hat das „letzte Wort" gesprochen und den verwaltungsrechtlichen Fall selbst abschließend entschieden. Die Sache ist „vom Geleise der Verwaltung endgültig auf das der Justiz" übergegangen[253]. Die äußere Gestalt der Entscheidung als teilweise Aufhebung läßt nicht den Schluß zu, daß eine „echte" Teilkassation stattgefunden habe. Der Urteilstenor in unserem Beispiel hätte besser gelautet: „Der Abgabenbescheid wird dahingehend abgeändert, daß die Steuerschuld auf 600 DM festgesetzt wird[255]." Das Urteil ist „meritorisch", da es den Fall entscheidet, nicht nur über den Verwaltungsakt. Zugleich ist diese „meritorische" Entscheidung „reformatorisch", weil sie den angefochtenen Verwaltungsakt abändert. *Bettermann* nennt dies eine „reformatorische" Teilkassation[256].

3. In der Alternative ergibt sich die Zulässigkeit des ergangenen Urteils, das wir als „reformatorische" Teilkassation bezeichnen, sowohl aus dem Gesichtspunkt der Reformation als auch aus dem Gesichtspunkt einer „meritorischen" Teilkassation: Eine Reformation ist möglich bei einem gebundenen Verwaltungsakt und bei Vorliegen einer Reformationsermächtigung, z. B. § 113 Abs. 2 VwGO, § 100 Abs. 2 S. 1 FGO. Deshalb ist die Herabsetzung einer durch gebundenen Verwaltungsakt festgesetzten Geldleistung als Reformation zulässig.

---

[252] *Bettermann* ebd. S. 242.

[253] *Merkl* S. 391.

[254] *Bettermann*, Wacke-Festschrift S. 242.

[255] Gleichbedeutend ist: „Der Bescheid wird aufgehoben und die Steuer auf 500 DM festgesetzt."

[256] *Bettermann*, Wacke-Festschrift S. 242.

Eine „meritorische" *Teil*kassation muß aus denselben Gründen wie eine „meritorische" *Total*kassation als zulässig erachtet werden, wenn das Verwaltungsgericht durch seine Selbstentscheidung des Falles nicht Verwaltungsermessen ersetzt. Außerdem muß, wie bei der „echten" Teilkassation, der Verwaltungsakt teilbar sein und sich die Teilaufhebung als Vollzug der Teilung darstellen[257]: Für jede Teilkassation, auch wenn sie eine „meritorische" Entscheidung ist, gestattet der Wortlaut der gesetzlichen Kassationsermächtigungen nur eine „Soweit"-*Aufhebung*. Diese findet nicht statt bei einer inhaltlichen Veränderung des Verwaltungsakts, wenn also der gerichtlich „bestätigte Teil" des angefochtenen Verwaltungsakts in Wahrheit ein aliud darstellt. Beispiel: Das Gericht möchte die angefochtene rechtswidrige Anforderung eines 7,5 t-LKWs nur „soweit aufheben", als es die Anforderung hinsichtlich eines 5 t-LKWs „teilweise aufrechterhält". Eine solche gerichtliche Abänderung des angefochtenen Verwaltungsakts ist nur auf Grund einer Reformationsermächtigung[258] zulässig. Darin liegt die Abgrenzung der „meritorischen" Teilaufhebung gemäß §§ 113 Abs. 1 S. 1 VwGO, 100 Abs. 1 S. 1 FGO gegenüber einer Reformation gemäß §§ 113 Abs. 2 VwGO, 100 Abs. 2 S. 1 FGO. Gemeinsam ist beiden Entscheidungsarten, daß sie nicht in Betracht kommen, wenn das Gericht behördliches Ermessen ersetzen müßte.

In obigem Beispiel aus dem Abgabenrecht war das Urteil, das wir als „reformatorische" Teilkassation bezeichnet haben, schon auf Grund der gesetzlichen Reformationsermächtigungen zulässig. Da der auf 600 DM reduzierte Bescheid außerdem Teil des angefochtenen Bescheides über 1000 DM ist, konnte das Gericht seine Entscheidung auch auf eine Kassationsermächtigung stützen. Einer Reformationsbefugnis bedurfte es nicht. Die Reduzierung eines teilbaren Verwaltungsaktes kann als („meritorische") Teilkassation behandelt werden.

4. Gegen die hier vertretene Auffassung, wonach das Verwaltungsgericht bei totaler und teilweiser Aufhebung gebundener Verwaltungsakte selbst an Stelle der Verwaltung die rechtmäßige Regelung treffen darf, ließe sich das einwenden, was das Bundesverwaltungsgericht[259] in einer seiner ersten Entscheidungen einmal gegen die reformatorische

---

[257] Zur Teilbarkeit des Verwaltungsakts als Voraussetzung einer Teilaufhebung s. oben Zweiter Teil A.

[258] § 113 Abs. 2, 1. Alt. VwGO stellt in unserem Beispiel keine Reformationsermächtigung dar, weil dieser nur Leistungen in Geld oder anderen vertretbaren Sachen betrifft, also teilbare Leistungen. Die Anforderung eines 7,5 t-LKWs ist jedoch hinsichtlich der tonnenmäßigen Größe nicht teilbar; die Anforderung eines 5 t-LKWs ist ein aliud. Daß hingegen Reformationsermächtigungen, die das Gericht zur Abänderung eines unteilbaren Verwaltungsaktes in ein aliud berechtigen, nicht undenkbar sind, zeigt § 113 Abs. 2, 2. Alt. VwGO.

[259] BVerwGE 1, 163 (165).

Entscheidungsbefugnis geäußert hat: Es bestehen „rechtspolitische Bedenken", daß, soweit von Verwaltungsgerichten Verwaltungsakte gesetzt werden, „diese Verwaltungsakte kraft der gerichtlichen Urteilen eigentümlichen formellen und materiellen Rechtskraft einen von dem durch die Verwaltung selbst gesetzten Verwaltungsakt abweichenden rechtlichen Charakter besitzen, welcher die Aufhebung oder die Änderung des Verwaltungsaktes durch die Verwaltung, z. B. auf Grund der Änderung der Voraussetzungen seines Erlasses, ausschließt, mindestens aber erschwert".

Abgesehen davon, ob das Bundesverwaltungsgericht auch heute noch diesen Bedenken gegen eine gesetzlich zugelassene Reformation folgen würde[260], sind sie hinsichtlich der oben dargelegten „meritorischen" Kassation nicht berechtigt: Bei der „meritorischen" *Total*kassation bleibt kein gerichtlich gesetzter Verwaltungsakt, der „einen von dem durch die Verwaltung selbst gesetzten Verwaltungsakt abweichenden rechtlichen Charakter besitzen" könnte. Außerdem bezieht sich die Rechtskraft jedes kassatorischen Urteils nur auf den entschiedenen Fall und die rechtliche und tatsächliche Situation im Zeitpunkt der letzten mündlichen Tatsachenverhandlung (clausula rebus sic stantibus)[261]. Daß das Gericht selbst einen Verwaltungsakt setzt, d. h. eine endgültige Regelung des verwaltungsrechtlichen Falles trifft, ist nur richtig für die „meritorische" *Teil*kassation, weil der bestätigte Teil zur Gesamtregelung wird. Die Zulässigkeit dieser „meritorischen" Teilbestätigung[262] ergibt sich aus dem Vergleich mit der Totalbestätigung eines Verwaltungsakts, die wir „Konfirmation" genannt haben. Die „meritorische" Teilkassation ist eine teilweise „Konfirmation". Wie das Gericht bei der totalen „Konfirmation" den ganzen Verwaltungsakt als endgültig bestätigt, so darf es auch einen Teil der angefochtenen Regelung als endgültige Gesamtregelung des Falles bestehen lassen. Wenn die Behörde diese Regelung von vornherein selbst nicht erlassen hätte, kann sie sich nach Rechtskraft des teilaufhebenden Urteils auf § 44 Abs. 4 VwVfG berufen[263].

---

[260] Vgl. *Ress* S. 198 f.

[261] Vgl. BVerwG VerwRspr. 11 Nr. 89; BVerwG NJW 1957, 475; BVerwG DVBl 1960, 856; ausdrücklich OVG Berlin NJW 1954, 775.

[262] Da es auf die Aufrechterhaltung des rechtmäßigen Restverwaltungsakts ankommt, sollte man in diesem Zusammenhang von „meritorischer" Teil*bestätigung* sprechen.

[263] Zum Anwendungsbereich des § 44 Abs. 4 VwVfG s. oben Zweiter Teil B. III. 2. a) (cc)).

E. Teilkassation und kassierendes Teilurteil

Von der Differenzierung zwischen („selbstentscheidender" oder zu-
rückverweisender) Teil- und Totalkassation ist zu trennen der Unterschied zwischen kassierendem Teilurteil und kassierendem Vollurteil:

Eine Teilkassation hat das Verwaltungsgericht vorzunehmen, wenn
mehrere Teile eines Verwaltungsakts angefochten sind, von denen nur
ein Teil rechtswidrig ist. Ein (kassierendes) Teilurteil ist zu erlassen,
wenn nur ein (rechtswidriger) Teil entscheidungsreif ist. Ist in dem
oben[264] nach dem Bundesleistungsgesetz gebildeten Beispiel nur die
Anfechtung hinsichtlich der rechtswidrigen Anforderung des Fahrers
entscheidungsreif, dann wird diese Anforderung durch Teilurteil kassiert. Darin liegt eine *Totalkassation* hinsichtlich des entscheidungsreifen Teils[265]. Hinsichtlich des gesamten angefochtenen Verwaltungsakts nimmt das Teilurteil nur eine *Teilkassation* vor.

Der Unterschied zum teilweise kassierenden Vollurteil besteht darin,
daß dieses über den ganzen Klageanspruch entscheidet: ein Teil des
Verwaltungsakts wird kassiert, der andere Teil bestätigt und insoweit
die Anfechtungsklage (gegen den ganzen Verwaltungsakt) abgewiesen.
Teilkassation und Teilabweisung ergeben zusammen das Gesamt-
urteil. — Demgegenüber bleibt beim kassierenden Teilurteil die Entscheidung über den noch nicht entscheidungsreifen Rest dem Schluß-
urteil vorbehalten. Ob auch die Anforderung des Kraftfahrzeuges kassiert wird, bleibt offen. Die Klage kann noch vollen Erfolg haben.

Kassierendes Teil- und Vollurteil sind gleichermaßen Endurteile.
Sie erledigen den Streitgegenstand — das Vollurteil in vollem Umfang,
das Teilurteil nur zum Teil. Die Kassation kann bei beiden Urteilen
„selbstentscheidenden" oder „zurückverweisenden" Charakter haben.

---

[264] Zweiter Teil B. III. 2. a).
[265] Es gibt auch ein teilweise kassierendes Teilurteil.

Vierter Teil

Reformation und Ermessen

In der allgemeinen Verwaltungsgerichtsbarkeit ergibt sich eine reformatorische Entscheidungsbefugnis aus § 113 Abs. 2 VwGO, wonach das Verwaltungsgericht, wenn der angefochtene Verwaltungsakt eine Leistung in Geld oder anderen vertretbaren Sachen betrifft, die Leistung in anderer Höhe „festsetzen" kann. Dieser Alternative des § 113 Abs. 2 VwGO nachgebildet kann in der Finanzgerichtsbarkeit das Gericht nach § 100 Abs. 2 S. 1 FGO, „wenn es einen anderen Betrag feststellt, diesen selbst festsetzen". Diese als Abgabenbescheide bezeichneten[266] reformationsfähigen Verwaltungsakte präzisiert die Finanzgerichtsordnung durch die Verweisung auf § 348 AO[267], dessen umfangreicher Katalog den größten Teil der für eine Reformation in Frage kommenden Steuer- und Zollbescheide erfaßt, und durch die Ausscheidung der Verwaltungsakte, „die ein Zwangsgeld oder einen Verspätungszuschlag festsetzen". Über § 100 Abs. 2 S. 1 FGO hinausgehend läßt § 113 Abs. 2 VwGO die Reformation auch zu bei „vertretbaren Sachen", nicht nur bei Geld. Gemeinsam ist beiden Vorschriften, daß sie nur Leistungen des Bürgers an den Staat erfassen, nicht umgekehrt Leistungen des Staates an seine Bürger[268]; denn deren Verweigerung oder Vorenthaltung greift der Bürger mit der Verpflichtungsklage oder der „schlichten" Leistungsklage an[269], arg. e §§ 42 Abs. 1, 113 Abs. 3 und Abs. 4 VwGO, 40 Abs. 1, 101 FGO.

Im folgenden soll untersucht werden, ob und inwieweit Verwaltungs- und Finanzgerichte Ermessen ausüben können, wenn eine Reformationsermächtigung vorliegt. In Betracht kommt richterliches Ermessen erstens bei der Festsetzung des richtigen Betrages, zweitens bei der Wahl zwischen reformatorischer und kassatorischer Entscheidung.

---

[266] s. oben bei Fn. 14.

[267] Entspricht § 229 RAbgO.

[268] *Bettermann*, Wacke-Festschrift S. 233 f.; *Eyermann / Fröhler* § 113 Rdnr. 53; *Klinger* VwGO § 113 B. 6. a; *Ule* VwGO § 113 Anm. I. 4.; *Müller* NJW 1963, 23 f.; a. A. *Schunck / De Clerck* § 113 Anm. 2. d), da das Wort „auferlegt" in § 75 Abs. 2 MRVO 165 in § 113 Abs. 2 VwGO durch „betrifft" ersetzt worden sei. Vgl. zur h. M. auch *Tipke / Kruse* FGO § 100 Rdnr. 6.

[269] *Bettermann* ebd. S. 233 f.

A. Reformation bei Ermessensakten?

I. Handlungs- und Beurteilungsermessen

Wenn das Gericht ein kassierendes Urteil erläßt, hat dieses doch „meritorischen" Charakter, wenn es den verwaltungsrechtlichen Fall endgültig regelt[270]. Dieses gerichtliche Vorgehen ist unproblematisch, wenn ein gebundener Verwaltungsakt angefochten wurde. Handelt es sich jedoch um eine Ermessensentscheidung, so stellt sich die Frage, ob das Gericht durch die Selbstentscheidung in der Sache sein Ermessen an die Stelle des Verwaltungsermessens setzen darf oder ob § 114 VwGO und § 102 FGO auch hier gelten. Es wurde bereits dargelegt, daß bei „meritorischen" Entscheidungen das Gericht grundsätzlich nicht zur Ersetzung von Verwaltungsermessen berechtigt ist[271]. Etwas anderes könnte sich für „meritorische" (reformatorische) Entscheidungen ergeben, die auf Grund einer Reformationsermächtigung ergehen, wenn letztere auch die Befugnis zur gerichtlichen Ermessensausübung gewährt:

1. Die Zulässigkeit einer Reformation von Ermessensakten wurde aus § 79 Abs. 2 VGG[272] entnommen[273], mit dem § 113 Abs. 2 VwGO weitgehend überstimmt: Die („meritorische") Herabsetzung eines Steuerbescheides auf den wirklich geschuldeten Betrag erfolge bereits nach § 79 Absatz 1 S. 1 VGG und sei schon als Teilaufhebung des angefochtenen Verwaltungsakts zulässig.

Aus dieser richtigen Erkenntnis wurde folgender Unterschied zwischen Absatz 1 und Absatz 2 des § 79 VGG abgeleitet: Absatz 1 erfasse lediglich aus Rechtsgründen erfolgende Abänderungen der auferlegten Leistung; damit Absatz 2 nicht überflüssig erscheine, müsse diese Vorschrift nicht nur auf Rechts-, sondern auch auf Ermessensentscheidungen anwendbar sein[274]. Ähnlich nahm *van Husen*[275] an, daß § 79 Abs. 2

---

[270] s. oben Dritter Teil D.

[271] s. oben Dritter Teil D., insbesondere II.

[272] Er lautete: „Ist in einer angefochtenen Verfügung eine Leistung von Geld oder sonstiger vertretbarer Sachen auferlegt oder nur eine Feststellung getroffen worden, so kann das Verwaltungsgericht den Betrag der Leistung in anderer Höhe festsetzen oder die Feststellung durch eine andere ersetzen."

[273] VG Frankfurt JZ 1959, 255 (256 f.) m.w.N.; *Bachof,* Die verwaltungsgerichtliche Klage 1. Teil § 4, 7. S. 47; die Ausführungen *Bachofs* sind nicht eindeutig, da er in Fn. 21 auf ein Urteil des VG Stuttgart verweist, das sich nur mit der Herabsetzung einer ermessensmißbräuchlich hohen Ordnungsstrafe befaßt. Zum Ganzen *Lüke* JZ 1959, 257 f.

[274] VG Frankfurt JZ 1959, 255 (257); insoweit ablehnend *Lüke* in seiner Anm. ebd.

[275] VGG § 79 Anm. 5.

VGG als Ausnahme zu § 79 Abs. 1 VGG eine ermessensmäßige Änderung eines Verwaltungsakts durch das Gericht erlaube. Dementsprechend haben der Bayrische Verwaltungsgerichtshof[276] und das Verwaltungsgericht Frankfurt[277] eine richterliche Ermessensausübung für zulässig erachtet. Im ersten Fall ging es um Höchstpreisfestsetzungen für Mieten und deren Herabsetzung; im zweiten Fall handelte es sich ebenfalls um Preisfestsetzungen, wobei das Verwaltungsgericht Frankfurt unter Berufung auf Bachof[278] die Auffassung vertrat, § 79 Abs. 2 VGG sei jedenfalls in seiner ersten Alternative auch auf Ermessensentscheidungen anwendbar.

In Wahrheit gewährte jedoch § 79 Abs. 2 VGG auch in seiner 1. Alternative dem Gericht nicht die Befugnis, das Ermessen der Verwaltungsbehörde zu ersetzen. Diese Bestimmung wurde in der Tat überflüssig, nachdem man bereits den Absatz 1 des § 79 VGG auf die Herabsetzung von Verwaltungsakten anwandte, die teilbare Leistungen betrafen. Absatz 1 war nur für den Normalfall der Kassation, die wir „echte" Kassation genannt haben[279], geschaffen worden. Daß der Wortlaut des Absatz 1 und die Funktion des Verwaltungsgerichts als Rechtsanwender auch die endgültige Herabsetzung einer teilbaren gebundenen Leistung rechtfertigten, war nicht der Musterfall, den der Gesetzgeber für Absatz 1 im Auge hatte; deshalb glaubte man, für bestimmte Verwaltungsakte Ausnahmen in Absatz 2 ausdrücklich normieren zu müssen. Gemeint war die „meritorische" als Ausnahme zur „echten" Kassation[280], hingegen nicht eine gerichtliche Befugnis zur Ausübung von Verwaltungsermessen. Es war also nicht gerechtfertigt, § 79 Abs. 2 VGG als Ermächtigung zur gerichtlichen Ermessensausübung bei Entscheidungen „in der Sache"[281] auszulegen.

2. § 79 Abs. 2 VGG ist für die allgemeine Verwaltungsgerichtsbarkeit durch § 113 Abs. 2 VwGO und für die Finanzgerichtsbarkeit durch § 100 Abs. 2 S. 1 FGO ersetzt worden. Auch dadurch ist dem Gericht kein Recht zur Ermessensausübung eingeräumt worden[282]. § 113 Abs. 2

---

[276] BayVBl 1959, 195 mit ablehnender Anm. *Linder;* hier fehlte es außerdem an der notwendigen Reformationsermächtigung.

[277] JZ 1959, 255; Leitsatz des Urteils: „1. Die Festsetzung des Übergabepreises wie die des Abgabepreises aufgrund des § 8 Getreidegesetz sind Verwaltungsakte, die im Ermessen der Behörde stehen. 3. Gemäß § 79 Abs. 2 VGG kann das Verwaltungsgericht Übernahme- und Abgabepreise neu festsetzen."

[278] s. in Fn. 273.

[279] s. oben Dritter Teil D. III.

[280] Zur „meritorischen" Kassation s. oben Dritter Teil D. III. 2.

[281] Zur Entscheidung des Gerichts „in der Sache" s. oben Dritter Teil B.

[282] h. M.: *Bettermann,* Wacke-Festschrift S. 238 ff.; *Redeker / von Oertzen* § 113 Rdnr. 3; *Eyermann / Fröhler* § 113 Rdnr. 57; *Schunck / De Clerck* § 113 Anm. 2. d). Eine gegenüber § 114 VwGO erweiterte Kontrollbefugnis soll

VwGO und § 100 Abs. 2 S. 1 FGO sind nur auf gebundene Verwaltungsakte anwendbar. §§ 114 VwGO, 102 FGO besagen, daß das Gericht Ermessensakte nur auf ihre Rechtswidrigkeit kontrollieren darf, d. h. auf Überschreitung, Mißbrauch und Nichtausübung des Ermessens sowie auf wesentliche Verfahrensmängel. Daß dies nicht nur für die richterliche Überprüfung des Verwaltungsakts, sondern auch für die Selbstentscheidung und Durchentscheidung des Falles gilt, zeigt die erfolgreiche Verpflichtungsklage. Dort darf gemäß §§ 113 Abs. 4 VwGO, 101 FGO das Gericht die Behörde nur dann zum Erlaß des Verwaltungsakts verurteilen, wenn dieser ein gebundener ist. Dies ergibt sich aus dem Erfordernis der Spruchreife in § 113 Abs. 4 VwGO.

Die Spruchreife ist nicht identisch mit der Entscheidungsreife des allgemeinen Prozeßrechts und des § 110 VwGO[283]. Gegenstand der Entscheidungsreife ist in §§ 300, 301 ZPO und § 110 VwGO der Rechtsstreit und dessen Objekt, der Streitgegenstand. Hingegen ist „die Sache", die nach § 113 Abs. 4 S. 1 VwGO „spruchreif" sein muß, der von der Behörde zu Unrecht abgelehnte Antrag des Klägers auf Vornahme der Amtshandlung[284]. Dieser muß für das Gericht und nicht nur für die Verwaltungsbehörde spruchreif sein[285]. Wenn das der Fall ist, ergeht Verpflichtungsurteil in Form des Vornahmeurteils; dieses Urteil ist eine „meritorische" Entscheidung, weil das Gericht selbst endgültig die Regelung des Falles bestimmt[286]. Steht aber der Erlaß oder der Inhalt des Verwaltungsakts im Ermessen der Behörde, so ist und wird der Fall für das Gericht niemals spruchreif. Es darf nur zur Neubescheidung des abgelehnten oder zur Bescheidung des nichtbeschiedenen Antrags verurteilen, obwohl § 113 Abs. 4 S. 1 VwGO das Gericht zur Entscheidung „in der Sache" ermächtigt. Das Gericht darf kein Verwaltungsermessen ausüben oder ersetzen, selbst wenn ihm die Selbstentscheidung des Falles ausdrücklich durch Gesetz gestattet ist.

Gleiches wie für Absatz 4 S. 1 des § 113 VwGO gilt für die andere gesetzliche Ermächtigung zur „meritorischen" Entscheidung: für die Reformationsbefugnis nach Absatz 2. Er überwindet nur die Einschränkung, daß „meritorische" Entscheidungen im Anfechtungsprozeß nach dem Wortlaut des Absatz 1 S. 1 nur im Wege der „Aufhebung" ergehen.

---

nach h. M. den Gerichten gegenüber Verfügungen der Kartellbehörden durch § 70 Abs. 4 GWB eingeräumt sein, vgl. außer den einschlägigen Kommentierungen *K. Schmidt* S. 550 ff.

[283] Zum heute herrschenden Verständnis von Spruchreife vgl. bereits *Bettermann* NJW 1960, 649 (653); *derselbe* mit weiteren Nachweisen in Wacke-Festschrift S. 239 Fn. 10.

[284] BVerwGE 11, 95 (99) unter Hinweis auf die „zutreffende" Äußerung von *Bettermann* NJW 1960, 649 (653).

[285] *Bettermann* ebd. S. 653.

[286] s. oben Dritter Teil D. I.

Sie untersteht aber, wie die „meritorische" Befugnis nach Absatz 4 S. 1, dem § 114 VwGO. Dieser gilt im Gesamtbereich des § 113 VwGO — und § 102 FGO sowohl für § 100 FGO als auch für § 101 FGO[287]. Die Reformationsermächtigungen der Verwaltungs- und Finanzgerichtsordnung geben keine Befugnis zur Ermessensausübung, weil § 114 VwGO und § 102 FGO Ausdruck des Gewaltenteilungsprinzips und (daher) fundamental für die heutige Verwaltungsgerichtsbarkeit sind. Da die Abänderung eines Ermessensakts dem Gericht eine solche Ermessenausübung abverlangen würde, kommt eine Reformation nur bei gebundenen Entscheidungen[288] in Betracht[289].

Demnach enthält die Reformation eines Ermessensakts eine doppelte Problematik[290]: einmal, daß überhaupt reformiert wird — dieses und nur dieses Problem überwindet eine Reformationsermächtigung; zum anderen, daß in den Bereich des Verwaltungsermessens eingegriffen wird — Handlungs- und Beurteilungsermessen darf das Gericht nicht selbst ausüben. Auch stellt sich nur der letztere Aspekt als Ausdruck des Gewaltentrennungsprinzips dar[291]; hinsichtlich eines Ermessensaktes „unterscheidet" sich die gerichtliche Reformation „in nichts mehr von der eigentlichsten Tätigkeit der Verwaltung"[292]. Demgegenüber hält das Gericht sich „im Rahmen seiner ureigensten Funktion der reinen Rechtsanwendung", wenn es den rechtswidrigen gebundenen Verwaltungsakt durch den gesetzlich vorgeschriebenen ersetzt; es greift nicht in die Praerogative der Verwaltung ein[293].

II. Schätzungsermessen

Von dem Grundsatz, daß die Verwaltungsgerichte nicht ihr Ermessen an die Stelle des behördlichen Ermessens setzen dürfen, gibt es für die

---

[287] *Bettermann*, Wacke-Festschrift S. 238 f.

[288] Wo also das Gericht den „anderen Betrag" an Hand des Gesetzes i. S. v. § 100 Abs. 2 S. 2 FGO „feststellen" kann. Inhaltlich nichts anderes meint § 113 Abs. 2 VwGO, wenn es dort heißt, daß „das Gericht die Leistungen in anderer Höhe festsetzen" kann.

[289] Bei Anfechtung einer Höchstpreisfestsetzung darf das Gericht, wenn überhaupt, nur dann reformieren, wenn der höchstzulässige Preis sich aufgrund des festgestellten Sachverhalts eindeutig und ziffernmäßig genau an Hand des Gesetzes ermitteln läßt und feststeht, daß jeder andere Preis unzulässig ist (BVerwG DÖV 1956, 505 für eine Mietpreisfestsetzung).

[290] Stattdessen kann man auch von einer dreifachen Beschränkung der verwaltungsgerichtlichen Entscheidungsfreiheit sprechen: das Gericht darf grundsätzlich überhaupt nicht reformieren, es darf außerdem keine Ermessensakte reformieren und schließlich keine reformatio in peius vornehmen; zum „Verböserungsverbot" *Bettermann*, Wacke-Festschrift S. 234 ff. m.w.N.

[291] Anderer Auffassung *Ress* S. 196, der auch die Reformation eines reinen Rechtsentscheides als Problem der Gewaltentrennung auffaßt.

[292] *Hinderling* S. 68 mit Hinweis auf *Menger* S. 32 ff.; *Ress* S. 196.

[293] *Bettermann*, Wacke-Festschrift S. 235.

Finanzgerichtsbarkeit eine Ausnahme, sofern man die Schätzung der „Besteuerungsgrundlagen" i. S. des § 162 AO[294] als eine Erscheinungsform des Ermessens im Sinne der §§ 114 VwGO, 102 FGO ansehen will[295].

§ 96 Abs. 1 S. 1, 2. Halbs. FGO gestattet durch seine Verweisung auf § 162 AO den Finanzgerichten „die Besteuerungsgrundlage ... zu schätzen". Bei einer im übrigen zulässigen Reformation ist das Verwaltungsgericht befugt, an die Stelle der finanzamtlichen seine eigene Schätzung zu setzen. Deshalb ist das Finanzgericht zur reformatorischen Entscheidung gemäß § 100 Abs. 2 S. 1 FGO befugt, wenn ihm eine Ermessenausübung nur hinsichtlich der Schätzung einer Besteuerungsgrundlage abverlangt wird. Wie aber das Verbot, Handlungs- und Beurteilungsermessen auszuüben und solche Ermessensakte zu reformieren, sich nicht aus der Reformationsermächtigung ergibt, sondern aus §§ 114 VwGO, 102 FGO, so ergibt sich auch hier die Befugnis zur ausnahmsweisen Reformation eines Ermessensaktes nicht aus der Reformationsermächtigung des § 100 Abs. 2 S. 1 FGO, sondern aus § 96 Abs. 1 S. 1, 2. Halbs. FGO; dieser § 96 FGO enthält aber keine Reformationsermächtigung! Es bleibt dabei, daß das Verbot der gerichtlichen Ermessensausübung jedenfalls nicht durch eine Reformationsermächtigung beseitigt wird[296]. Von diesem Grundsatz besteht keine Ausnahme: das ius reformandi in §§ 100 Abs. 2 S. 1 FGO, 113 Abs. 2 VwGO räumt dem Gericht weder Handlungs- noch Beurteilungs- noch Schätzungsermessen ein. Daß das Gericht reformatorisch statt kassatorisch entscheiden darf oder daß der beklagten Verwaltungsbehörde irgendein Ermessen eingeräumt ist, versetzt das Gericht nicht in die Lage, selbst Ermessen in Anspruch zu nehmen: Für die Ausübung von Schätzungsermessen bedarf es des § 96 Abs. 1 S. 1, 2. Halbs. FGO in Verbindung mit § 162 AO.

Folgt man der These, daß die Schätzung der Besteuerungsgrundlagen eine Erscheinungsform des Ermessens im Sinne des § 102 FGO darstellt, dann ist § 96 Abs. 1 S. 1, 2. Halbs. FGO eine Ausnahme zu der Beschränkung des § 102 FGO.

---

[294] § 162 AO 1977 entspricht § 217 RAbgO 1931.

[295] Ablehnend *Tipke / Kruse* FGO § 96 Rdnr. 8. a. A. *Bettermann*, Wacke-Festschrift S. 240 bei und in Fn. 11; *derselbe* hat die Streichung des § 96 Abs. 1 S. 1, 2. Halbs. FGO und dessen Verweisung auf § 217 RAbgO auf dem 46. DJT. Essen 1966 vorgeschlagen, abgedruckt in Band II (Sitzungsberichte) Teil E, S. 26 (28 ff.).

[296] Vgl. *Bettermann*, Wacke-Festschrift S. 238.

B. Auswahlermessen zwischen Reformation und (Teil)Kassation?

Gemäß § 113 Abs. 2 VwGO steht es im freien — wenn auch selbstverständlich pflichtgemäßen — Ermessen des Gerichts, ob es den angefochtenen Verwaltungsakt (teilweise) aufhebt oder ersetzt[297]. Bei einem auf Leistung von Geld oder anderen vertretbaren Sachen gerichteten Verwaltungsakt hat sich das Gericht in folgender Weise zu entscheiden: Kann und will es den ursprünglich geforderten Betrag herabsetzen, so ist die richtige Entscheidungsform die Selbstentscheidung des Falles (Reformation): die Festsetzung des nach Ansicht des Gerichts allein richtigen, d. h. rechtmäßigen Betrages[298]. Soll die endgültige Berechnung und Festsetzung des Restbetrages oder des Gesamtbetrages durch die Behörde erfolgen, so ist nur eine „echte" Kassation möglich[299].

I. Satz 1 des § 100 Abs. 2 FGO

1. Wenn das Gericht den rechtmäßigen Betrag selbst feststellt und die Teilaufhebung nur den Sinn hat, den von der Behörde festgesetzten Betrag auf den vom Gericht errechneten Betrag herabzusetzen, dann hat es schon die Wahl zugunsten einer Selbstentscheidung in Form der „reformatorischen" Teilkassation getroffen[300]. Nachdem das Gericht den richtigen Betrag ermittelt hat, kann es vernünftigerweise keine Wahl mehr zwischen Reformation und „echter" Kassation, zwischen Selbstentscheidung und Zurückverweisung haben[298]. Diese Wahl muß bereits vorher bei der Frage getroffen werden, ob das Gericht den anderen Betrag selbst feststellt oder dessen Ermittlung und Festsetzung der Behörde überläßt, nachdem es erkannt hat, daß der angefochtene Bescheid an Rechtsfehlern leidet[298]. Nach seinem freien Ermessen kann das Gericht zwischen „echter" Kassation und Reformation also nur bis zur Feststellung des richtigen Betrages wählen, danach nicht mehr. Wenn und nachdem das Gericht den anderen Betrag festgestellt hat, kann man eine Pflicht zur anderweitigen *Festsetzung* bejahen[301]. Diese Pflicht zur *Festsetzung*, wenn der andere Betrag festgestellt ist, gilt gleichermaßen für Verwaltungsgericht und Finanzgericht. Die Reformationsermächtigung des § 100 Abs. 2 S. 1 FGO ist deshalb wie folgt zu verstehen: „... so ‚muß' das Gericht, wenn es den anderen Betrag festgestellt ‚hat', diesen selbst festsetzen."

---

[297] *Bettermann* ebd. S. 246 f.; *Eyermann / Fröhler* § 113 Rdnr. 57; *Schunck / De Clerck* § 113 Anm. 2. d).

[298] *Bettermann* ebd. S. 242.

[299] s. Fn. 298; zur „echten" Kassation s. oben Dritter Teil D. III. 1.

[300] s. oben Dritter Teil D. IV.

[301] *Bettermann*, Wacke-Festschrift S. 247.

2. Während die Verwaltungsgerichtsordnung die vorangehende
Selbstermittlung des richtigen Betrages und damit auch die nachfol-
gende Festsetzung in das freie Ermessen des Gerichts stellt, „hat" das
Finanzgericht gemäß § 100 Abs. 2 S. 1 FGO, „wenn nicht die Voraussetzungen des § 100 Abs. 2 S. 2 FGO erfüllt sind, die Steuer selbst festzustellen und festzusetzen"[302]. Die Bedeutung des Wortes „kann" in
§ 100 Abs. 2 Satz 1 FGO ergibt sich für den VI. Senat des BFH aus dem
Vergleich mit § 100 Abs. 2 Satz 2 FGO: Dort sei dem Gericht durch das
„kann" ein Auswahlermessen eingeräumt. Lägen die Voraussetzungen
von Satz 2 vor, so könne das Gericht zurückverweisen, es könne aber
auch trotz Aufwendigkeit der eigenen Sachaufklärung diese vornehmen und „in der Sache selbst entscheiden"[303]. In Satz 2 gewähre das
„kann" also echtes Ermessen. Dieses Verfahren nach Satz 2 habe der
Gesetzgeber an bestimmte Voraussetzungen geknüpft und betrachte es
offenbar als Ausnahme[304]. Eine Ausnahme, die eine Abweichung von
einer Grundregel nur unter bestimmten Voraussetzungen zuläßt, ver-
löre aber ihren Sinn, wenn auch ohne Vorliegen des Ausnahmetat-
bestandes dessen Rechtsfolge wählbar wäre: Wenn es dem Finanzgericht
schon „allgemein und in allen Fällen" freistünde, sich auf die Aufhebung des Steuerbescheides (Rechtsfolge nach Satz 2) zu beschränken,
so wäre es überflüssig und irreleitend, in Satz 2 dieses Verfahren auf
Ausnahmefälle zu beschränken und an bestimmte Voraussetzungen zu
knüpfen[304]. Wegen des Zusammenhangs von Satz 1 und Satz 2 muß man
also dem Wort „kann" in beiden Sätzen einen verschiedenen Sinn bei-
legen. Nach Auffassung des VI. Senats bedeutet das „kann" in Satz 1,
daß das Finanzgericht hier die Steuer festsetzen „darf", also eine Tätigkeit ausüben darf, die an sich Aufgabe der Finanzverwaltungsbehörden
ist[304]. — Wenn nach Satz 1 das Finanzgericht reformieren „darf", so
bleibt ihm aber auch nach dieser Formulierung noch die Wahl, nicht zu
reformieren, sondern zu kassieren. Die vom VI. Senat selbst vorge-
brachten Bedenken, daß eine Aufhebung und Zurückverweisung nach
Satz 2 nur unter den dort genannten Voraussetzungen in Betracht
kommt, sind durch diese Interpretation des „kann" in Satz 1 noch nicht
ausgeräumt. Konsequenter und richtiger ist es anzunehmen, daß, wenn
nicht Satz 2 eingreift, das Finanzgericht nach Satz 1 *gezwungen* ist,
„in der Sache" selbst zu entscheiden, d. h. die endgültige Regelung des
Falles zu treffen. Ob das Gericht zurückverweisen darf oder „in der

---

[302] Leitsatz BFH VI. Senat, BFH 91, 141; vgl. dieselbe Rechtsprechung dieses Senats in BFH 89, 253 mit Hinweis auf BFH 87, 128 (V. Senat), vgl.
weiterhin BFH 89, 464; 91, 523.

[303] So auch *Bettermann* S. 248; ferner hat das Gericht Beurteilungser-
messungen in der Frage, ob und inwieweit die eigene Aufklärung nötig ist
und einen erheblichen Aufwand an Kosten und Zeit erfordert, arg.: für nötig
„hält", *Bettermann*, Wacke-Festschrift S. 248.

[304] BFH 91, 141 (143 f.).

Sache selbst entscheiden" muß, beantwortet sich nur nach Satz 2: das „kann" in Satz 1 ist in Wahrheit ein „muß"[305].

3. Die Gegner der vom VI. Senat und *Bettermann* vertretenen Auffassung verkennen die Bedeutung der Worte „in der Sache selbst ... entscheiden" in § 100 Abs. 2 S. 2 FGO. So heißt es, die Argumentation des VI. Senats sei „offensichtlich unzutreffend"; sie übersehe den grundlegenden Unterschied zwischen der Kassation nach § 100 Abs. 1 FGO, wenn der Verwaltungsakt „rechtswidrig" ist, und derjenigen nach § 100 Abs. 2 S. 2 FGO, wenn das Gericht wesentliche „Verfahrensfehler" feststellt[306]. Die Entscheidung „in der Sache selbst" wird gleichgesetzt mit der Entscheidung „über die Rechtmäßigkeit des angefochtenen Bescheides"[307]. Dasselbe ist wohl gemeint, wenn die Entscheidung gemäß § 100 Abs. 2 S. 2 FGO, die sich auf die Feststellung wesentlicher Verfahrensmängel beschränkt, im Gegensatz zu einer Aussage über die „materielle Richtigkeit" des Steuerbetrages gesetzt wird[308]. Auch wird bei § 100 Abs. 2 S. 2 FGO von einer „Prozeßentscheidung" gesprochen, da das Finanzgericht über die materielle Rechtmäßigkeit des Steuerbescheides nicht entscheide[309].

Richtigerweise meinen das „kann" in § 100 Abs. 2 Satz 1 FGO und die Formel „in der Sache selbst ... entscheiden" in § 100 Abs. 2 Satz 2 FGO weder die Alternative von Prozeß- oder Sachentscheidung noch den Unterschied zwischen formeller und materieller Rechtswidrigkeit des angefochtenen Verwaltungsakts. Die Aufhebung nach Satz 2 ist ein Sachurteil, kein Prozeßurteil[310]! Der Streitgegenstand der Anfechtungsklage, die Aufhebung des Verwaltungsakts wegen objektiver Rechtswidrigkeit und subjektiver Rechtsverletzung, wird gemäß Satz 2 erledigt, aber nicht der durch den angefochtenen Verwaltungsakt geregelte Fall, also die streitige Abgabenschuld[311]. Letzteres meint Satz 2 mit den Worten „ohne in der Sache selbst zu entscheiden". Die gerichtliche Entscheidung nach § 100 Abs. 2 Satz 2 FGO überläßt der Finanzbehörde die endgültige Regelung[312]; sie ist „echte" Kassation[313].

---

[305] *Bettermann*, Wacke-Festschrift S. 246. Diese Ansicht vertrat im Widerspruch zu der von der Bundesregierung gegebenen Begründung (BT-Drs. 4. Wahlperiode Nr. 1446 S. 55) auch der Bundesminister der Finanzen im Verfahren vor dem Großen Senat (BFH 94, 436), vgl. *Jessen* BB 1970, 339 Fn. 9.

[306] *Wendebourg* DB 1968, 1831 (1832).

[307] FG Hamburg EFG 1971, 290 (291); gemeint ist die materielle Rechtmäßigkeit.

[308] *Donner* S. 149 f. m.w.N. in Fn. 497.

[309] *Donner* S. 149.

[310] Sie ist Vollendurteil, weder Zwischen- noch Teilurteil, *Bettermann* S. 244.

[311] Vgl. *Bettermann* S. 244.

Zusammenfassend ist festzustellen, daß bei den in Satz 1 des § 100 Abs. 2 FGO genannten Verwaltungsakten dem Gericht nur unter den Voraussetzungen des Satz 2 Auswahlermessen eingeräumt ist, ob es den in dem angefochtenen Verwaltungsakt geregelten Fall durchentscheiden will oder nicht. Das „kann" in Satz 1 gibt nur die Befugnis zur Selbstentscheidung, von der das Gericht Gebrauch machen „muß", wenn nicht Satz 2 eingreift. Auch der Hinweis auf den gleichlautenden § 113 Abs. 2 VwGO[314] kann die zwei wesentlichen Abweichungen des § 100 Abs. 2 FGO nicht leugnen. Sowohl durch seinen Satz 2 als auch durch Einfügung der Klausel „wenn es einen anderen Betrag feststellt" in Satz 1 ist § 100 Abs. 2 FGO gegenüber § 113 Abs. 2 VwGO grundlegend verändert. Damit ist dem „kann", das in § 113 Abs. 2 VwGO richtigerweise Ermessen einräumt, die Grundlage entzogen[315].

4. Der Große Senat des BFH[316] hat eine eindeutige Stellungnahme vermieden. Vom IV. Senat war ihm folgende Frage vorgelegt worden: „Muß das Finanzgericht im Falle des § 100 Abs. 2 S. 1 FGO den angefochtenen Verwaltungsakt abändern oder kann es sich nach seinem freien Ermessen darauf beschränken, den Verwaltungsakt aufzuheben (§ 100 Abs. 1 S. 1, 1. Halbs. FGO)?" Leider hat der Große Senat die entscheidende Frage des Verhältnisses von Satz 1 und Satz 2 in § 100 Abs. 2 FGO nicht beantwortet[317]: Der Wortlaut des Satz 1 lasse sich auch in dem Sinne verstehen, daß dem Gericht in Abweichung vom Kassationsprinzip des Absatz 1 die Befugnis eingeräumt sei, den festgestellten Betrag selbst festzusetzen, ohne daß dies zugleich in sein „freies Ermessen" gestellt sei. Absatz 2 S. 1 räume dem Gericht jedoch auch Ermessen ein; allerdings habe das Finanzgericht von seinem Ermessen „pflichtgemäß" Gebrauch zu machen. Die pflichtgemäße Handhabung des Ermessens führe „grundsätzlich" zur Festsetzung des Änderungsbetrages. Dies ergebe sich schon daraus, daß nur mit der Festsetzung des Änderungsbetrages der Klage auf Abänderung des Bescheides gemäß § 40 Abs. 1 FGO voll entsprochen werde.

---

312 a. A. *Hübschmann / Hepp / Spitaler* FGO § 100 Rdnr. 69 und *Tipke / Kruse* FGO § 100 Rdnr. 7.

313 Zur „echten" Kassation oben Dritter Teil C. und D. III.

314 *Eisenberg* FR 1968, 83 in Anm. zu BFH 89, 464; *Woerner* BB 1967, 1466 (Anm. zu BFH 89, 464); FG Berlin EFG 1968, 504 (505).

315 Das „kann" in § 100 Abs. 2 S. 1 FGO erklärt sich aus der unreflektierten Orientierung an § 113 Abs. 2 VwGO, vgl. *Bettermann*, Wacke-Festschrift S. 246. Den fehlerhaften Vergleich zu § 113 Abs. 2 VwGO zieht auch die amtliche Begründung zu § 98 des FGO-Entwurfs der Bundesregierung, BT-Drs. 4. Wahlperiode Nr. 1446 S. 55; vgl. auch die Bemerkung in Fn. 305.

316 BFH 94, 436 ff.

317 Zu Unrecht behauptet *Donner* S. 151, der Große Senat sei zum gleichen Ergebnis wie der VI. Senat gekommen.

Zunächst drängt der vom Großen Senat des BFH konstruierte Unterschied zwischen „freiem" und „pflichtgemäßem" Ermessen zu der
Frage, ob der Verwaltung denn irgendwo eine nicht-pflichtgemäße
Ermessensausübung, etwa in § 113 Abs. 2 VwGO, eingeräumt sei[318].
Auch leuchtet ohne Erwähnung des § 100 Abs. 2 S. 2 FGO nicht ein,
warum bei einer auf Abänderung des rechtswidrigen Verwaltungsakts
gerichteten Anfechtungsklage die Ermessenshandhabung „grundsätzlich"[319] zur gerichtlichen Festsetzung des Betrages führen soll. Durch
die Wahl der Änderungsklage statt der Aufhebungsklage kann der
Kläger jedenfalls das Gericht nicht zur Reformation zwingen[320]. Dem
Antrag des Klägers kann über die Frage der Aufhebung des angefochtenen Verwaltungsakts oder der anderweitigen Festsetzung der Steuer
nichts entnommen werden[321]. Der Kläger, der auf Abänderung klagt,
erhält nicht deshalb einen Anspruch auf ein reformierendes Urteil,
weil die Abänderungsklage in § 40 Abs. 1 FGO vorgesehen ist[322].

Demnach bleibt es dabei, daß das „kann" in Satz 1 des § 100 Abs. 2
FGO deshalb als „muß" zu verstehen ist, weil durch Satz 2 die Selbstermittlung der rechtlich richtigen Geldleistung durch das Gericht zur
Regel erhoben worden ist[323]. Während in der allgemeinen Verwaltungsgerichtsbarkeit das Gericht zwischen Kassation und Reformation von
Abgabenbescheiden nach freiem Ermessen wählt, muß das Finanzgericht den Abgabenbetrag selbst festsetzen, wenn nicht die Voraussetzungen nach § 100 Abs. 2 Satz 2 FGO erfüllt sind; dieser räumt dem
Gericht Auswahlermessen zwischen Sachentscheidung und Zurückverweisung bei den Verwaltungsakten des Satz 1 ein und Beurteilungsermessen[324] in der Frage, ob der Tatbestand des Satz 2 erfüllt ist.

II. Satz 2 des § 100 Abs. 2 FGO

Satz 2 gestattet für die in Satz 1 genannten Verwaltungsakte dem
Gericht die Zurückverweisung statt der Selbstentscheidung der Sache,
wenn es „eine weitere, einen erheblichen Aufwand an Kosten und Zeit
erfordernde Aufklärung für nötig hält". *Bettermann*[325] hat diese Zu-

---

[318] Dies verneinen richtigerweise auch *Tipke / Kruse* FGO § 100 Rdnr. 6.

[319] Gemeint ist „regelmäßig", s. *Bettermann*, Wacke-Festschrift S. 248
Fn. 27.

[320] „Die Kassation ist nicht von einem speziellen Kassationsantrag abhängig, sondern auch bei einem Reformationsantrag zulässig", *Bettermann*
ebd. S. 244 und ZZP 88 (1975), 387 (bei Fn. 49) und 403 f.

[321] h. M., *Tipke / Kruse* FGO § 40 Rdnr. 7; *Ziemer / Birkholz* FGO § 100
Rdnr. 91 a; *Donner* S. 153 f. m.w.N.; a. A. BFH 93, 40 = DB 1968, 1932 (1933).

[322] *Loose*, BB 1966, 243 (244).

[323] *Bettermann*, Wacke-Festschrift S. 247.

[324] Vgl. Fn. 303.

[325] *Bettermann*, Wacke-Festschrift S. 249 ff.

rückverweisungsmöglichkeit kritisiert, soweit sie von der Feststellung eines wesentlichen Verfahrensmangels abhängig ist. Auch bei materiell-rechtlichen Fehlern könne es „gerechtfertigt, weil prozeßökonomisch sein, daß das Gericht an die Verwaltungsbehörde zurückverweist, wenn die gerichtliche Aufklärung ‚einen erheblichen Aufwand an Kosten und Zeit erfordert'"[326]. Die Lösung könne aber nicht darin bestehen, das „und" in Satz 2 durch ein „oder" zu ersetzen. Vielmehr sei im Wege gerichtlicher Rechtsfortbildung die Zurückverweisung allein von der zweiten Voraussetzung des § 100 Abs. 2 S. 2 FGO abhängig zu machen, um „das Finanzgericht von solcher Aufklärungsarbeit zu entlasten, die das Finanzamt ebenso gut, leicht und schnell leisten kann".

Dieser Kritik an Satz 2 hat der Gesetzgeber Rechnung getragen und ist der von *Bettermann* dargelegten Lösung weitgehend gefolgt in dem „Gesetz zur Entlastung der Gerichte in der Verwaltungs- und Finanzgerichtsbarkeit"[327]. Art. 3 § 4 lautet:

> „Kann das Gericht bei einer Entscheidung über eine Anfechtungsklage nach § 100 Abs. 2 Satz 1 der Finanzgerichtsordnung den Betrag nicht ohne besonderen Aufwand selbst festsetzen, so kann es, wenn nicht der Kläger oder der Beklagte widerspricht, den Verwaltungsakt teilweise aufheben und den aufgehobenen Teil durch Angabe der zu Unrecht berücksichtigten oder nicht berücksichtigten tatsächlichen oder rechtlichen Verhältnisse so bestimmen, daß die Finanzbehörde den Betrag auf Grund der Entscheidung errechnen kann."

Voraussetzung dafür, daß die Behörde an Stelle des Gerichts den richtigen Steuerbetrag festsetzt, ist nicht mehr ein Verfahrensfehler, sondern: die Ausrechnung des Betrages erfordert einen „besonderen" Aufwand, und Kläger und Beklagter widersprechen nicht. Beispiel[328]: Ein Verwaltungsakt der in § 100 Abs. 2 S. 1 FGO bezeichneten Art hat die Steuer zu hoch festgesetzt, ist also teilweise rechtswidrig. Das Gericht muß den angefochtenen Verwaltungsakt in jedem Fall umfassend prüfen[329]. Wenn nur einfachere Berechnungen erforderlich sind, „muß" es außerdem „wie bisher" die abschließende Festsetzung des richtigen Betrages vornehmen; damit folgt die Begründung des Regierungsent-

---

[326] Gegen die von *Bettermann* vorgeschlagene Gleichbehandlung sachlich-rechtlicher und verfahrensrechtlicher Fehler *Tipke / Kruse* FGO § 100 Rdnr. 7 unter Hinweis auf FG Hamburg EFG 1971, 290 f.

[327] „Gesetz zur Entlastung der Gerichte in der Verwaltungs- und Finanzgerichtsbarkeit vom 31. März 1978, BGBl I 1978 S. 446. Dieses Gesetz ist am 1. 5. 1978 in Kraft getreten, und seine Vorschriften gelten befristet bis 31. 12. 1983 neben der Verwaltungsgerichtsordnung, der Finanzgerichtsordnung und der Bundesdisziplinarordnung; Erläuterung bei *Meyer-Ladewig* NJW 1978, 857 ff.

[328] Vgl. *Meyer-Ladewig* ebd. S. 861.

[329] Die Begründung des Regierungsentwurfs (BT-Drs. 8/842 S. 15) stellt ausdrücklich klar, daß § 4 keine Änderung des Streitgegenstandes zur Folge hat.

wurfs[330] ausdrücklich der oben (I.) dargelegten Auslegung des § 100 Abs. 2 S. 1 FGO, wonach das Gericht grundsätzlich reformieren *muß*. Unter den Voraussetzungen des Art. 3 § 4 des Entlastungsgesetzes „kann" das Gericht von der Selbstentscheidung absehen und aussprechen, wegen welcher Besteuerungsgrundlagen der Verwaltungsakt teilweise aufgehoben wird, z. B.: Der Steuerbescheid ... wird mit der Maßgabe aufgehoben, daß weitere 1000 DM Werbungskosten zu berücksichtigen sind.

Die Zurückverweisungsmöglichkeit des § 4 Entlastungsgesetz tritt neben den Satz 2 des § 100 Abs. 2 FGO und verdrängt dessen (fehlerhafte) Formulierung nicht[330]. Wenn der Kläger oder der Beklagte widerspricht, bedarf es zur Zurückverweisung der Feststellung eines „wesentlichen Verfahrensmangels".

---

[330] Vgl. Beschlußempfehlung und Bericht des Rechtsausschusses (Bericht der Abgeordneten Dr. *Bötsch* und Dr. *Linde*), BT-Drs. 8/1530 S. 11; vgl. *Meyer-Ladewig* S. 857.

Thesen

1. Der Kläger kann im verwaltungsgerichtlichen Anfechtungsprozeß durch eine Teilanfechtung das Verwaltungsgericht nicht zwingen, nur bestimmte Fehler in der Begründung des rechtswidrigen Verwaltungsakts zu berücksichtigen. Es gibt keine Teilanfechtung in den Gründen (qualitative Teilanfechtung).

2. Teilweise Anfechtung und teilweise Aufhebung eines Verwaltungsakts sind nur möglich, wenn der Verwaltungsakt teilbar ist. Teilbar ist ein Verwaltungsakt, dessen aufrechtzuerhaltender Teil sich infolge der Teilung in seinem Wesen nicht verändert:

   a) Ein Verwaltungsakt, in dem mehrere Verwaltungsakte zusammengefaßt sind.

   b) Ein Verwaltungsakt, der auf eine teilbare Leistung des Adressaten an die Behörde gerichtet ist.

   c) Ein begünstigender Verwaltungsakt mit Auflage, wenn dieser sich von der beantragten Begünstigung inhaltlich durch die Kurzformel unterscheidet: „Ja so, und außerdem dieses".

3. Hingegen verändert die Hinzufügung oder Aufhebung eines Verwaltungsaktteiles (z. B. Auflage) den Restverwaltungsakt, wenn dessen Verhältnis zum Gesamtverwaltungsakt gekennzeichnet ist durch die Kurzformel: „Nicht so, sondern anders".

4. Die Heraufsetzung eines durch Verwaltungsakt angeordneten Höchstpreises ist keine Teilung des Preisverbots; hinsichtlich der Höhe des verbotenen Preises ist ein Preisverbot nicht teilbar und deshalb auch nicht teilweise aufhebbar.

5. Nach der sogenannten Willenstheorie soll der rechtmäßige Teil eines angefochtenen Ermessensakts durch das Gericht dann und nur dann aufrechterhalten werden, wenn die Behörde diesen auch allein erlassen hätte (gerichtliche Berücksichtigung des mutmaßlichen Behördenwillens). Diese Auffassung ist spätestens seit Inkrafttreten des § 44 Abs. 4 VwVfG als falsch zu beurteilen:

a) Vorrangig ist der Wille des Anfechtungsklägers, nämlich die Bindung des Gerichts an das Klagebegehren (§ 88 VwGO) zu berücksichtigen.

b) Der Wille der Behörde hinsichtlich der Aufrechterhaltung des rechtmäßigen Teilakts ist nur gemäß § 44 Abs. 4 VwVfG beachtlich. Absatz 4 ist nur auf nichtige und (durch rechtskräftiges Aufhebungsurteil) vernichtete Verwaltungsaktteile anwendbar, nicht aber auf nur vernichtbare (anfechtbare) Verwaltungsaktteile.

6. Die verwaltungsgerichtlichen Kassationsermächtigungen gestatten dem Gericht eine „echte" (Teil)Kassation, bei der das Gericht nur über den angefochtenen Verwaltungsakt entscheidet, und eine „meritorische" (Teil)Kassation, bei der das Gericht die fehlerhafte behördliche Gesamtregelung nicht nur (teilweise) aufhebt, sondern sie durch die bestätigte Restregelung ersetzt; damit entscheidet das Gericht selbst „in der Sache", d. h. es regelt selbst den verwaltungsrechtlichen „Einzelfall" (§ 35 S. 1 VwVfG). Die „echte" (Teil)Kassation entspricht inhaltlich der Kurzformel: „Nicht so; wie anders, weiß ich nicht", die „meritorische" (Teil)Kassation der Kurzformel: „Nicht so, sondern so". Eine „meritorische" Entscheidung ist nur zulässig, wenn dem Gericht dadurch nicht die Ausübung von Verwaltungsermessen abverlangt wird.

7. Die verwaltungsgerichtlichen Reformationsermächtigungen gestatten dem Gericht nicht die Ausübung von Handlungs- und Beurteilungsermessen.

8. Die Reformationsermächtigung in Satz 1 des § 100 Abs. 2 FGO stellt die Wahl zwischen Reformation und „echter" Kassation nicht in das Ermessen des Gerichts. Es kann sich mit der Aufhebung des fehlerhaften Verwaltungsaktes nur begnügen und von der Selbstfestsetzung des richtigen Steuerbetrages absehen, wenn die Voraussetzungen des Satz 2 vorliegen oder wenn die Erfordernisse des Art. 3 § 4 des Gesetzes zur Entlastung der Gerichte in der Verwaltungs- und Finanzgerichtsbarkeit vom 31. März 1978 erfüllt sind.

Literaturverzeichnis*

Bachof, Otto: Die verwaltungsgerichtliche Klage auf Vornahme einer Amtshandlung, Tübingen 1951.

Bender, Bernd: Grundrisse des öffentlichen Rechts, Bd. I Allgemeines Verwaltungsrecht, 2. Aufl. Freiburg i. B. 1956.

Bettermann, Karl August: Wesen und Wirkung von Preisfestsetzung und Preisgenehmigung, MDR 1951, 528.

— Grundfragen des Preisrechts für Mieten und Pachten, Schriften des Instituts für Wohnungsrecht und Wohnungswirtschaft, Tübingen 1952.

— Die Verpflichtungsklage nach der Bundesverwaltungsgerichtsordnung, NJW 1960, 649.

— Die Zurückverweisung durch das Berufungsgericht im Verwaltungs- und Zivilprozeß, DVBl 1961, 65.

— Formen der gerichtlichen Anfechtung verwaltungsbehördlicher Entscheidungen in: Festschrift für Eduard Bötticher, Berlin 1969, S. 13.

— Teilanfechtung, Teilkassation und Reformation von Abgabenbescheiden in: Festschrift für Gerhard Wacke zum siebzigsten Geburtstag, Köln 1972, S. 233.

— Anfechtung und Kassation, ZZP 88 (1975), 365.

— Die Anfechtung von Verwaltungsakten wegen Verfahrensfehlern in: Festschrift für Hans Peter Ipsen zum siebzigsten Geburtstag, Tübingen 1977, S. 271.

Blomeyer, Arwed: Zivilprozeßrecht Erkenntnisverfahren, Berlin—Göttingen—Heidelberg 1963.

Donner, Hartwig: Finanzgerichtsbarkeit und richterliche Unabhängigkeit, Diss. Marburg 1971.

Ehlers, Dirk: Verwaltungsrechtsdogmatik und modifizierende Auflage, VerwA 67 (1976), 369.

Enneccerus, Ludwig und Hans Carl *Nipperdey:* Allgemeiner Teil des bürgerlichen Rechts, II. Halbbd., 15. Aufl. Tübingen 1960.

Erichsen, Hans-Uwe: Die selbständige Anfechtbarkeit von Nebenbestimmungen in: Höchstrichterliche Rechtsprechung zum Verwaltungsrecht von Christian-Friedrich Menger, Hans-Uwe Erichsen und Albert von Mutius, F6, C3 Köln—Berlin—Bonn—München = VerwA 66 (1975), 299.

Erichsen, Hans-Uwe und Wolfgang *Martens:* Allgemeines Verwaltungsrecht, 2. Aufl. Berlin—New York 1977.
(zitiert: Allg. VerwR).

---

* Das Literaturverzeichnis enthält nur diejenigen benutzten Schriften, die sich mehr oder weniger zentral auf das Thema beziehen oder sonst von Gewicht sind.

Erman, Walter: Handkommentar zum bürgerlichen Gesetzbuch I. Bd., 6. Aufl. Münster 1975.

Eyermann, Erich und Ludwig *Fröhler:* Verwaltungsgerichtsordnung, Kommentar, 7. Aufl. München 1977.

Fischötter, Werner und Hans-Dieter *Lübbert:* Anm. zu BGH-Beschluß vom 3. 7. 1976 (Vitamin B 12) (abgedruckt in BB 1976, 1238) in BB 1977, 112.

Flume, Werner: Allgemeiner Teil des bürgerlichen Rechts, II. Bd.: Das Rechtsgeschäft, 2. Aufl. Berlin—Heidelberg—New York 1975.

Forsthoff, Ernst: Lehrbuch des Verwaltungsrechts, I. Bd. Allgemeiner Teil, 10. Aufl. München 1973.

Hinderling, Adrian: Die reformatorische Verwaltungsgerichtsbarkeit, Sammlung Schweizerischer Dissertationen, Rechts- und staatswissenschaftliche Reihe Bd. 4, Winterthur 1957.

Hübschmann / Hepp / Spitaler: Kommentar zur Abgabenordnung und Finanzgerichtsordnung Bd. V, 7. Aufl. 87. Liefer. Köln 1951/77.

van Husen, Paulus: Gesetz über die Verwaltungsgerichtsbarkeit in Bayern, Württemberg-Baden und Hessen mit Kommentar, Stuttgart 1947.

Jauernig, Othmar: Zivilprozeßrecht, 18. Aufl. München 1977.

Jellinek, Walter: Verwaltungsrecht, 3. Aufl. 1931, unveränderter Neudruck Berlin—Göttingen—Heidelberg 1948.

Jessen, Uwe: Festsetzung der Steuern durch das Finanzgericht, BB 1970, 339.

Klinger, Hans: Verwaltungsgerichtsordnung, Kommentar, 2. Aufl. Göttingen 1964.

Knack, Hans Joachim: Verwaltungsverfahrensgesetz, Kommentar, Köln—Berlin—Bonn—München 1976.

Kopp, Ferdinand O.: Verwaltungsverfahrensgesetz, Kommentar, München 1976.

Lang, Eduard: Teilweise Nichtigkeit der Rechtsgeschäfte § 139 BGB, Berlin 1926.
(zitiert: Lang, Teilweise Nichtigkeit).

Lange, Klaus: Die isolierte Anfechtbarkeit von Auflagen unter besonderer Berücksichtigung der Rechtsprechung des Bundesverwaltungsgerichts zur „modifizierenden Auflage", AöR 102 (1977), 337.

Langen, Eugen und Ernst *Niederleithinger* und Ulrich *Schmidt:* Kommentar zum Kartellgesetz, 5. Aufl. Berlin und Remagen-Oberwinter 1977.

Lappe, Liesel: Die Teilnichtigkeit des gesetz- oder sittenwidrigen Rechtsgeschäfts, Diss. Münster 1950.
(zitiert: Lappe, Teilnichtigkeit).

Larenz, Karl: Allgemeiner Teil des deutschen Bürgerlichen Rechts, 4. Aufl. München 1977.

Linder: Anm. zu Bay.VwGH, BayVBl 1959, 195 ebd. S. 197.

Loose, Gerhard: Das Klagesystem der Finanzgerichtsordnung, BB 1966 S. 243.

Lüke, Gerhard: Anm. zu VG Frankfurt, JZ 1959, 255 ebd. S. 257.

Martens, Wolfgang: Fehlerhafte Nebenbestimmungen im Verwaltungsprozeß, DVBl 1965, 428.

Menger, Christian-Friedrich: Höchstrichterliche Rechtsprechung zum Verwaltungsrecht, VerwA 50 (1959), 387.

— System des verwaltungsgerichtlichen Rechtsschutzes. Eine verwaltungsrechtliche und prozeßvergleichende Studie, Tübingen 1954.
(zitiert: Menger, System).

Merkl, Adolf: Allgemeines Verwaltungsrecht, Wien—Berlin 1927.

Meyer, Hans und Hermann *Borgs-Maciejewski:* Kommentar zum Verwaltungsverfahrensgesetz, Frankfurt/M. 1976.

Müller, Hanswerner: Unter welchen Voraussetzungen ist das Verwaltungsgericht befugt, einen feststellenden Verwaltungsakt zu ändern? NJW 1963, 23.

Müller-Henneberg, Hans und Gustav *Schwartz:* Gesetz gegen Wettbewerbsbeschränkungen und europäisches Kartellrecht, 3. Aufl. 5. Lieferg. Köln—Berlin—Bonn—München 1973.
(zitiert: Gemeinschaftskommentar).

Naumann: Anm. zu Hess. VGH DV 1948/49, 123 ebd. S. 124.

Oertmann, Paul: Privatrechtliche Folgen der Überschreitung von Höchstpreisen, JW 1917, 255.

Palandt: Bürgerliches Gesetzbuch mit Einführungsgesetz und Nebengesetzen, 37. Aufl. München 1978.

Pierer von Esch, Heinrich: Teilnichtige Rechtsgeschäfte, Erlanger Juristische Abhandlungen Bd. 2, Köln—Berlin—Bonn—München 1968.

Redeker, Konrad und Hans-Joachim *von Oertzen:* Verwaltungsgerichtsordnung, Kommentar, 5. Aufl. Bonn 1975.

Ress, Georg: Die Entscheidungsbefugnis in der Verwaltungsgerichtsbarkeit, Forschungen aus Staat und Recht Bd. 4, Wien—New York 1968.

Rosenberg, Leo und Karl Heinz *Schwab:* Zivilprozeßrecht, 12. Aufl. München 1977.

Schimmel, Manfred: Die Entscheidung des Finanzgerichts bei teilweiser Rechtswidrigkeit des Verwaltungsakts, FR 22 (1967), 294.

Schmidt, Karsten: Kartellverfahrensrecht — Kartellverwaltungsrecht — Bürgerliches Recht, Köln—Berlin—Bonn—München 1977.

Schunck, Egon und Hans *De Clerck:* Verwaltungsgerichtsordnung, 3. Aufl. Siegburg 1977.

Skouris, Wassilios: Teilnichtigkeit von Gesetzen, Schriften zum Öffentlichen Recht Bd. 215, Berlin 1969.

Söhn, Hartmut: Teilbarkeit von Verwaltungsakten, die auf eine Geldleistung gerichtet sind, VerwA 60 (1969), 64.

Soergel / Siebert: Bürgerliches Gesetzbuch mit Einführungsgesetz und Nebengesetzen, Bd. I, 10. Aufl. 1967; Bd. III, 10. Aufl. 1969; Stuttgart—Berlin—Köln—Mainz.

Staudinger: Kommentar zum bürgerlichen Gesetzbuch mit Einführungsgesetz und Nebengesetzen, I. Bd., 11. Aufl. Berlin 1957, II. Bd., 3. Teil Berlin 1958.

Stein / Jonas: Kommentar zur Zivilprozeßordnung, I. und II. Bd., 19. Aufl. Tübingen 1972.

Stelkens, Paul, Heinz J. *Bonk* und Klaus *Leonhardt:* Verwaltungsverfahrensgesetz, Kommentar, München 1978.

Tipke, Klaus und Wilhelm *Kruse:* Kommentar zur AO 1977 und FGO, Bd. II, 8. Aufl. 29. Lieferg. Köln 1965/77.

Ule, Carl Hermann: Verwaltungsgesetze des Bundes und der Länder, Bd. I, 2. Halbbd. Verwaltungsgerichtsbarkeit, 2. Aufl. Köln—Berlin—München— Bonn 1962; Bd. III 1. Halbbd. Allgemeines Polizei- und Ordnungsrecht Köln—Berlin—Bonn—München 1965.

— Verwaltungsprozeßrecht, 6. Aufl. München 1975.
(zitiert: Ule, VerwPrR).

Weidemann, Jürgen: Zu § 40 FGO: Die Klage wegen zu niedriger Steuerfestsetzung und die Anfechtung der Begründung eines Steuerverwaltungsaktes, VerwA 63 (1972), 55.

Wendebourg, Eberhard: Kassation oder Festsetzung der Steuer durch die Finanzgerichte? DB 1968, 1831.

Weyreuther, Felix: Über „Baubedingungen", DVBl 1969, 232, 295.

Woerner, Lothar: Anm. zu BFH 89, 464 in BB 1967, 1466.

Wolff, Hans J. und Otto *Bachof:* Verwaltungsrecht I, 9. Aufl. München 1974.

Ziemer, H.: Anm. zu BFH 91, 393 in FR 23 (1968), 369.

Ziemer, Herbert und Hans *Birkholz:* Finanzgerichtsordnung, Kommentar, 2. Aufl. München 1970.

MIX
Papier aus verantwortungsvollen Quellen
Paper from responsible sources
FSC® C105338

Printed by Libri Plureos GmbH
in Hamburg, Germany